W0203749

AUSSTIEG AUS DEM MILIEU

Das „neue Leben" eines früheren Dealers und Zuhälters.

THIERRY KOPP

Geschrieben in Kooperation mit dem Journalisten

Paul OHLOTT

INHALTSVERZEICHNIS

© Copyright 2014 - Thierry Kopp
Dépôt légal : 4er trimestre 2014
ISBN : 978-2-9536087-9-3
Editions Thierry Kopp
6 rue de la Ferme - 67110 Niederbronn les Bains - France
Courriel : koppt@gmx.de
Graphisme couverture : Yseult de Saint Louvent
www.yseultdesaintlouvent.com

Imprimé par IMEAF - 26160 La Bégude-de-Mazenc - N° d'impression : 0858

DANKE

Vielen Dank an Claudia Wintoch, die das Buch auf Deutsch über-setzte und an Heike Fiess für die Korrektur. Ohne Euch wäre das Buch nicht auf Deutsch erschienen.

Danke auch an Angelika Amend für deine Korrektur.

Ich widme dieses Buch aber vor allem meiner lieben Frau. Ich danke dir für deine Unterstützung, dass du mir den Rücken frei hältst, damit ich dem Ruf Gottes folgen kann. Du bist meine liebe Prinzessin.

Thierry Kopp

VORSTELLUNG DER AUTOREN

Thierry KOPP hat einen evangelistischen und prophetischen Dienst auf internationaler Ebene. Zeichen und Wunder begleiten seine Konferenzen.

Als Gründer von Harvest Ministries verwendet ihn der Herr in den Bereichen von Befreiung, Evangelisation, Heilung der Herzen, körperliche Heilung und praktische Lehre für das tägliche Leben.

Seine Vision ist einfach: „Dass die größtmögliche Anzahl von Menschen errettet wird und das Volk Gottes sein Erbe in Christus ergreift."

Paul OHLOTT ist Gründer und Chefredakteur der Webseite Actu-Chretienne.Net, die über 200.000 Zugriffe pro Monat hat. Außerdem trägt er zu ZeMag bei, einer Fernsehsendung, die auf vielen Kanälen in etwa zwanzig Ländern ausgestrahlt wird. 2012 hat er eine neue Fernseh-Talkshow begonnen, die „Wir kommen nicht alle ins Paradies" heißt. Diese Sendung kann in ganz Europa (bis nach Russland) empfangen werden, sowie in Nordafrika und Israel, dank dem Satelliten „Hotbird 6", sowie in etwa zwanzig französischsprachigen Ländern vom Senegal bis Madagaskar über den Satelliten „Amos 5". Außerdem begann er eine neue Talkshow speziell für Jugendliche (15-30 Jahre) zu moderieren: „Wir sprechen ohne Tabus darüber". Da er auch für God TV als Journalist arbeitet nimmt er regelmäßig an der „Großen Diskussion" teil, die von Louis Daufresne auf Radio Notre Dame (100,7 FM; Paris) moderiert wird.

Paul OHLOTT hat auch mehrere Bücher im Gesprächsformat publiziert: „Unsere Schreie, unsere Tränen: sind wir frei Gott von ganzem Herzen zu lieben?" (Mai 2013, Carlos Payan); „Den Tod überlebt. Gespräch mit einem Geschäftsmann des Wunders" (November 2012, Guy Maréchal); „Die Revolution des Rapper-Pastors" (Oktober 2011, Manou Bolomik); „Stolz Araber und Christ zu sein" (Mai 2010, Saïd Oujibou); „Die göttliche Heilung im 21sten Jahrhundert" (Mai 2009, Carlos Payan)...

VORWORT VON GABY WENTLAND

Thierry Kopp war ein Zuhälter, ein charmanter Franzose, der überhaupt nicht überlegt hat, was er den Frauen antut. Doch im Leben gibt es immer wieder eine 2. Chance und die hat Thierry ergriffen: Die Liebe Gottes sollte sein schweres Herz komplett verändern. Thierry hat uns besucht und unsere Frauen im MISSION FREEDOM HOME in Hamburg sehr ergreifend um Vergebung gebeten. Die Anwesenden meinten einstimmig: „Das war ein Stück Himmel auf Erden!" Er hat sich komplett verändert und ist ein liebenswerter Mann, der mit ganzem Herzen für Menschen da ist, die Gottes Liebe noch nicht kennen. Sein Dienst führt ihn durch ganz Europa und überall werden hunderte von Menschen durch diese Liebe verändert und zu Nachfolgern Jesu.

Diese Frauen, die von Zuhältern so viel Leid erfahren, brauchen unsere Hilfe und sie dürfen in eine neue Freiheit und Freude gehen! In unserem MISSION FREEDOM HOME in Hamburg können alle Frauen mit ihren Kindern sofortige Hilfe und Aufnahme erfahren. Sie brauchen sich nur zu melden über unser 24 Stunden Notfalltelefon + 49 176 - 57 21 65 54 oder per Mail an kontakt@mission-freedom.de.

Einige Frauen wurden von Sozialarbeiterinnen per Bahn und Flugzeug zu uns geschickt. Wir kümmern uns um Unterkunft, Essen, Kleidung, Ärzte, Berater und sogar Anwälte. Die Frauen brauchen vor allem Hilfe bei ihren täglichen Aufgaben und eine Arbeit, die sie leisten können. Wir freuen uns über jede Frau, die diesen Mut aufbringt und sich aufmacht in ihre neue Zukunft!

Gaby Wentland

1.Vorsitzende MISSION FREEDOM e. V. www.mission-freedom.de

EINLEITUNG VON PAUL OHLOTT

Ich hatte Freude daran, dieses Buch gemeinsam mit meinem Freund Thierry Kopp zu schreiben. Es nimmt Sie mit hinein in eine Berichterstattung wie in einem Kinofilm. Doch wie das so oft der Fall ist, ist die Realität weit von der Fiktion entfernt, die von unseren Fantasien in allen Genres genährt wird. Wenn wir einmal den Schleier unserer Illusionen hinter uns gelassen haben, dann ist ein ausschweifendes Leben nicht mehr das erhoffte große Abenteuer. Und während wir von der Freiheit träumen, finden wir uns bald in Situationen wieder, denen wir uns nicht entziehen können – der unveränderbare Durst nach Gewinn und manchmal sogar nach verheerenden Abhängigkeiten. Ohne zu vergessen, dass unsere kleine „Kräuterküche", die anfänglich unschuldig schien, bald den Platz an viel komplexere Speisen abgeben muss.

Zu diesem Zeitpunkt sagt man sich dann, dass man doch lieber der Weisheit dieses biblischen Sprichwortes hätte zuhören sollen: „Besser ein trockener Bissen mit Ruhe, als ein Haus voll Opferfleisch mit Streit"[1]. Oder jenes, das ebenso explizit ist: „Wer seinen Acker bebaut, hat reichlich Brot, wer aber unnützen Sachen nachläuft, der hat reichlich Not. Ein ehrlicher Mann ist reich an Segnungen; wer aber schnell reich werden will, bleibt nicht unschuldig. Die Person ansehen ist nicht gut, und sollte ein Mann wegen einem Bissen Brot Unrecht tun? Wer nach Reichtum jagt, ist ein habgieriger Mann, und er weiß nicht, dass Mangel über ihn kommen wird"[2].

---

1 Sprüche 17,1, Die Bibel.

2 Sprüche 28,19-22, Die Bibel.

Ja, Drogen, Einbrüche, Zuhälterei... können anfänglich viel einbringen. Aber dieses Leben kann auch sehr viel kosten. Das Gefängnis ist kein Honigschlecken!

Thierry Kopp wurde in seinem Teufelskreis gestoppt. Aber bis wohin wäre er gegangen, wenn er nicht eine überraschende Begegnung mit Jesus gehabt hätte, obwohl Gott doch während aller dieser Jahre kaum einen Platz in seinem Leben gehabt hatte?

Seine Geschichte ist ein Bericht voller Hoffnung für all jene, die sich in den Verwicklungen des ausschweifenden Lebensstils verirrt haben. Wenn ein früherer Dealer und Zuhälter sein Leben radikal verändern konnte, dann erscheint Ihr Fall nicht mehr so aussichtslos wie zuvor. „Wo aber das Maß der Sünde voll geworden ist, da ist die Gnade überströmend geworden“[3], lehrt uns die Bibel! Das sollte Sie zuversichtlich machen. Nichts ist für diesen Jesus unmöglich, der so viele Wunder, so viele Heilungen vollbracht hat, und der uns versprochen hat, dass Er bis an das Ende der Welt alle Tage bei uns sein wird.

Und was, wenn Sie für sich entscheiden, nun die Ausschweifungen hinter sich zu lassen, um das größte aller Abenteuer zu leben... jenes des Evangeliums! Selbst wenn Sie ein großer Sünder sind, Jesus lädt Sie ein, ein „Menschenfischer“ zu werden. Und der Fang ist voller Verheißung ein wundersamer zu werden!

Ich überlasse es Ihnen dieses Gespräch mit einem früheren Verlorenen zu entdecken und lade Sie dann ein den „Brief an die Außenseiter des Lebens“ zu lesen, den Thierry Ihnen geschrieben hat und der am Ende des Buches zu finden ist.

---

3 Römer 5,20, Die Bibel.

Ein zweiter Brief ist an die Gemeinde gerichtet, damit diese ermutigt wird, den Missionsbefehl Christi wieder zu finden, und damit sie auch wieder ein Ort des Lebens und der Wiederherstellung wird, in dem die Gnade die Verurteilung übertrumpft. Werden wir Nachahmer dieses Jesus, der gerne mit den Menschen „schlechten Lebens" zu tun hatte, um in ihnen eine Verwandlung auszulösen. Seien wir wie Jesus und lassen wir die 99 Schafe zurück, dich nicht gerettet werden müssen, um das Verlorene zu suchen. Seien wir wie Jesus und haben keine Angst, dass die Sünde der „Ausgestoßenen des Lebens" uns beschmutzt, sondern hüten wir uns vor den religiösen Reden, die uns in den Schlaf wiegen und uns von der wahren Liebe des Vaters entfernen.

Der Politiker Jacques Chaban Delmas hat gern gesagt: „Wir müssen uns für den Weg der Veränderung stark einsetzen", und ich würde gerne hinzufügen, dass diese Veränderung unbedingt mit unseren eigenen Leben beginnen muss, wenn wir wollen, dass sie sich um uns herum ausbreitet. Viele Politiker sprechen in Zeiten von Wahlen von Veränderung und täuschen durch die Anhäufung ihrer falschen Versprechungen... doch Jesus hat sich nicht damit zufrieden gegeben von Veränderung zu sprechen und eine gewisse Anzahlung von Versprechungen zu machen... Er hat seine Botschaft vollkommen verkörpert, indem er bis ans Ende gegangen ist, bis ans Kreuz von Golgatha. Kein Politiker wäre dazu bereit für Sie zu sterben... doch Jesus hat es getan, damit Sie sich mit Ihm auf diesem Weg der Veränderung zutiefst auseinandersetzen können!

„Kommt her zu mir alle, die ihr mühselig und beladen seid, so will ich euch erquicken! Nehmt auf euch mein Joch und lernt von mir, denn ich bin sanftmütig und von Herzen demütig; so werdet ihr Ruhe finden für eure Seelen!" (Matthäus 11,28-29)

Ich wünsche Ihnen eine Lektüre, die ihr Leben inspiriert!

Paul OHLOTT

KAPITEL I

Kräuterküche...

Paul OHLOTT : Thierry, Ihr Leben hat im Alter von 17 Jahren eine seltsame Kehrtwendung gemacht. Eine Kehrtwendung, die dazu geführt hat, dass Sie Drogenhandel, Zuhälterei und Einbrüche aller Art entdeckt haben und sie mehrmals ins Gefängnis geführt hat. Obwohl Sie eigentlich keine übermäßig unglückliche Kindheit gehabt haben....

Thierry KOPP : Ja, das stimmt. Ich wurde Anfang der 60er Jahre in einer „normalen" Familie in Straßburg geboren. Meine Mutter arbeitete in der Wäscherei der Armee, und mein Vater war Elektriker. Es fehlte mir an nichts, obwohl ich meinen Eltern vorwarf, dass sie mehr Zeit am Arbeitsplatz verbrachten als sich mit mir zu beschäftigen. Sie haben hart gearbeitet, da sie vorhatten ein Haus zu bauen. Und so verbrachte ich viel Zeit bei meinen Großeltern und sah Arbeit als den „Feind", der mir meine Eltern raubte. Und obwohl sie mir Zuneigung gaben, fühlte mein Kinderherz doch, dass ihre Arbeit mehr Wert hatte als ich, da sie mich dafür im Stich ließen. In eine „normale" Familie hineingeboren zu sein hat nicht verhindert, dass ich mit einem Geist der Ablehnung aufgewachsen bin.

P.O.: Ist ihre Kindheit sonst abgesehen von diesem Vorwurf an Ihre Eltern ohne große Belastungen verlaufen?

T.K.: Meine Kindheit ist ohne großartige Schwierigkeiten verlaufen. Ich war ein Einzelgänger, und manchmal war ich etwas kämpferisch unterwegs, da ich es nicht gern hatte, mir alles gefallen zu lassen Ich war ein „normales" Kind und war für Fußball begabt. Acht Jahre lang hab ich in einem Team gespielt, in dem ich zum Kapitän wurde, und ich denke, dass ich sogar eine professionelle Karriere hätte angehen können. Ja, ich weiß, Herr Ohlott... das war vor langer Zeit, und Sie sind nicht dazu verpflichtet mir zu glauben! Wie auch immer, berufsmäßig hat sich mein Leben im Alter von 16 Jahren in eine andere Richtung gewendet.

P.O.: Haben Sie mit 16 die Schule verlassen?

T.K.: Sagen wir mal, dass ich damals den klassischen Schulweg hinter mir gelassen habe. Ich sah das Lernen als verschwendete Zeit und habe deshalb eine professionelle Ausbildung gewählt. Und so habe ich eine Kochlehre begonnen. Ich hatte einen Freund, der diesen Weg gewählt hatte, und er erzählte mir so viel Gutes darüber, dass ich mich dazu entschlossen habe, es selbst zu versuchen. Als ich meinen Eltern davon erzählt habe, war meine Mutter sehr enttäuscht, da sie wollte, dass ich „Jemand" werde, wie zum Beispiel Anwalt oder Arzt, aber trotzdem hat sie mich nicht daran gehindert meinen eigenen Weg zu gehen. Allerdings wohnten wir etwa 3 km weg von dem Restaurant, in dem ich arbeitete und die Lehre begann. Doch ein Jahr später sind wir in ein neues Haus umgezogen, das 10 km entfernt lag.

Jeden Tag musste ich mit dem Fahrrad die zwanzig Kilometer zurücklegen. Das war sehr herausfordernd, vor allem im Winter... doch meine Leidenschaft für das Kochen hatte immer die Oberhand. Ich empfand große Freude meine Kreativität einzusetzen, um die Speisen schön herzurichten. Die Ermutigungen und das Lob des Küchenchefs haben geholfen, dass ich ein gesundes Selbstwertgefühl entwickelte, was wertvoll war, um diesen Geist der Ablehnung, der mich seit meiner frühesten Kindheit verfolgt hatte, zu überwinden.

P.O.: Sie hatten endlich Ihren Weg gefunden. Wie haben sich dann die Drogen in Ihr Leben eingemischt?

T.K.: Die Drogen hatten keinerlei Probleme damit, sich mir vorzustellen, da dieses „Kaffeehaus" schnell zur Familie geworden ist. Allerdings gingen wir nicht mehr ins „Kaffeehaus", sondern zu „Bei Hassen". Es war ein benutzerfreundlicher Ort, an dem wir Billard und Tischfußball spielten... und in dieser großen Familie rauchten viele Haschisch. Eines Tages haben mir meine Freunde vorgeschlagen mit ihnen zu rauchen, und so habe ich begonnen zu rauchen und Drogen zu nehmen, aber auch begonnen, mit einem kleinen lokalen Drogenhandel.

P.O.: Nach Beendung Ihrer Lehre haben Sie ihren Militärdienst in Tahiti absolviert, doch das hat Ihre Karriere als Konsument und Händler nicht beeinträchtigt...

T.K.: Leider nein. Drogen findet man überall, und sie bringen Taschengeld ein mit dem man sich vergnügen kann. Wenn man einmal die Vorzüge des Handelns erlebt hat, ist es schwierig wieder damit aufzuhören. Die Versuchung einfach und schnell Geld zu verdienen ist einfach zu groß.

Nach sechs Wochen Ausbildung in den nördlichen Vogesen, in Drachenbronn, bin ich nach Tahiti aufgebrochen. Bei meiner Ankunft wurde ich vom Feldwebel und anderen jungen Rekruten empfangen... und wir haben gleich gefeiert, sind in Nachtklubs gegangen und haben Alkohol getrunken. Es war beim Militär, als ich zum ersten Mal erlebt habe wie es ist, voll besoffen zu sein. Mehrmals die Woche haben wir uns betrunken und sind in Nachtklubs gegangen. Das ist meine Haupterinnerung an die Militärzeit.

P.O.: Sechs Monate nach Ihrer Ankunft in Tahiti ist Ihr Großvater verstorben. Hat sein Tod Sie nicht dazu gebracht, den Sinn Ihres Lebens zu hinterfragen?

T.K.: Der Tod meines Großvaters hat mich sehr mitgenommen und zu einer kurzen Reflexion über meine Existenz geführt, aber nicht in die richtige Richtung. Mein Großvater ist mit 64 Jahren gestorben, nicht ganz zwei Jahre nach seiner Pensionierung. Und so habe ich mir viele Fragen gestellt: „Was ist das Leben? Was bringt es, wie ein Verrückter bis zum Ruhestand zu arbeiten, um dann zwei Jahre später zu sterben?" Als ich von seinem Tod erfahren habe, habe ich in meinem Herzen beschlossen, mein Leben voll auszuleben und jeden Augenblick dazu zu nutzen, um zu feiern... Und beim Militär war es einfach auszugehen und zu feiern, denn wir zögerten nicht ohne Autorisierung die Leihwagen der Legionäre zu benutzen, die wir auf dem Parkplatz des Flughafens bewachen sollten.

P.O.: Einer dieser Abende hätte fast in einer Tragödie geendet...

T.K.: Ich bin der Tragödie zwar entgangen, aber dieser Abend hat mir dennoch Probleme bereitet. An jenem Abend haben wir wie gewohnt einen der Leihwagen unsere befreundeten Legionäre ausgeborgt. Wir hatten geplant, eine Tour von Bar zu Bar zu machen. Nachdem wir in einer Diskothek in der Innenstadt schon mehrere Gläser getrunken hatten, habe ich mich hinter das Steuer gesetzt, um zu einer anderen Bar zu fahren. Ich bin sehr schnell gefahren und habe in einer Kurve die Kontrolle über das Fahrzeug verloren. Nach einem beeindruckenden Rutsch ist das Auto in einen Pfeiler gekracht. Ich war nicht angeschnallt. Der Aufprall war unglaublich brutal. Reflexmäßig habe ich mich mit meinen Armen geschützt, doch ich wurde gegen die Windschutzscheibe geschleudert. Ich war schwer verletzt und mein Gesicht blutüberströmt. Noch heute habe ich ein paar Narben von diesem Unfall.

Mehrere Leute kamen hinzu gelaufen um mir zur helfen. Doch als ich wieder zu mir kam, wollte ich nur davonlaufen damit niemand erfährt, dass ich das Auto gestohlen hatte. Außerdem hatte ich weder Führerschein noch Versicherungspapiere. Obwohl ich auf wackligen Beinen stand, habe ich langsam begonnen mich von der Unfallstelle zu entfernen, um jeden Preis wollte ich einen Gefängnisaufenthalt vermeiden. Ein Mann hat mich jedoch am Kragen gepackt und festgehalten. Ich täuschte ein ein Unwohlsein vor, um mein Hemd auszuziehen, und bin so schnell wie möglich weggelaufen. Ich bin 200m bis zum Hafen gelaufen und zwischen den Booten ins Wasser gesprungen, um wieder zur Kaserne zurückzukehren.

Ich weiß nicht wie ich es schaffte wegzulaufen, denn sobald ich angekommen war und eine Zigarette von einem anderen Soldaten geschnorrt habe, habe ich nach dem ersten Zug das Bewusstsein verloren. Als ich wieder aufwachte, lag ich im Spital. Meine Arme waren verbunden, und mein Kopf voller Pflaster.

P.O.: Sie waren nicht nur in einem erbärmlichen Zustand, sondern ihre Flucht war auch umsonst gewesen...

T.K.: Ich habe jedenfalls versucht der Militärpolizei eine glaubwürdige Geschichte zu erzählen, als sie zu mir ins Spital kamen, aber es war umsonst. Sie haben mir nicht geglaubt, als ich ihnen erzählte, dass zwei betrunkene Männer mich mit Flaschen angegriffen hatten, und ich mich an nichts erinnern konnte, da ich selbst alkoholisiert war. Am nächsten Tag habe ich weiter den Autodiebstahl und den Unfall verleugnet, aber leider hatte ich Pech, und sie haben den Mann gefunden, der mich am Unfallort am Kragen gepackt hatte. Außerdem hatte der Mann mein Hemd als Beweisstück aufgehoben... Mit seinem Zeugnis und der Konfrontation des Beweises habe ich letztendlich den Diebstahl und Unfall gestanden. Die Angelegenheit landete dann vor dem Militär- und Zivilgericht. Das Zivilgericht hat mich zu drei Monaten Gefängnis mit Bewährung verurteilt, doch das Militärgericht hat mich dazu gezwungen ein Monat hinter Gittern zu verbringen. Man könnte sagen, dass mein Militärdienst gut begonnen hat...

P.O.: Und das war erst der Anfang, da die Drogen die Sache nicht besser gemacht haben...

T.K.: Es ist wahr, dass dieser Abend, der fast in einer Tragödie geendet hätte, nicht der Grund meines Weges bergab war. Nach meinem kurzen Gefängnisaufenthalt bin ich weiterhin in Nachtklubs gegangen, und ich habe einen Mann aus Tahiti kennengelernt, der Marihuana verkaufte. Ich kaufte mir welches für meinen persönlichen Konsum, aber auch um es an Soldaten weiter zu verkaufen. Damals ging es um „Sex und Drogen"! Nachdem ich das Marihuana verbraucht hatte, lernte ich jemanden anderen kennen, der mir von einer neuen Droge berichtete: halluzinogene Champignons, die auf dem Kuhdung von Kühen auf der Weide wuchsen. Wahrhaftig! Er hat mich dazu eingeladen mit ein paar Freunden welche sammeln zu gehen. Er warnte mich, davon zu viel zu konsumieren, denn es konnte passieren, nach zu viel Konsum dieser Champignons in der Psychiatrie zu landen.

Gemeinsam mit meinen Freunden hatten wir eine beträchtliche Menge gesammelt und sie als Omelett gegessen, was die ersten Halluzinationen auslöste. Später bin ich dann mit einem anderen Freund einen Joint rauchen gegangen und habe ein Getränk mit aufgelösten halluzinogenen Champignons getrunken. Ich war sehr durstig und so habe ich nicht aufgepasst und eine große Menge dieses Getränks getrunken. Normalerweise reicht schon ein Viertel eines Glases aus, um Halluzinationen auszulösen. An jenem Abend hatte ich mehr als eine halbe Flasche getrunken. Und um den Abend schön ausklingen zu lassen haben wir in der Diskothek noch mehrere Whiskeys konsumiert. Und so haben die Halluzinationen begonnen sich bemerkbar zu machen. Eine panische Angst hat meinen Geist ergriffen. Ich hatte Angst, dass die Polizei hinter mir her ist und mich festnimmt. Ich habe mein Motorrad bestiegen und meinen Freund gebeten zu fahren. Je mehr er beschleunigte, desto mehr hatte ich den Eindruck, dass das Motorrad größer wurde... ich war in einem völligen Delirium. Während der ganzen Fahrt schloss ich meine Augen und fühlte eine enorme Furcht. Als ich in der Kaserne ankam, hat mich mein Freund in der Nähe meines Zimmers abgesetzt. Ich streckte mich auf meinem Bett aus, und die Halluzinationen begannen erneut und noch stärker. Ich sah Elefanten in verschiedenen Farben, die mich angriffen. Ich verlor vollständig den Verstand und hörte eine Stimme, die mir sagte, dass ich verrückt geworden sei. Nach einem langen Augenblick der Panik gelang es mir endlich einzuschlafen. Am nächsten Morgen wachte ich schweißgebadet auf, glücklicherweise jedoch ohne Folgen. Ich war wieder meiner geistigen Fähigkeiten mächtig. Seit jenem Tag habe ich nie wieder halluzinogene Champignons konsumiert, noch sonst irgendwelche Drogen die dazu führen, dass ich die Kontrolle verliere... dennoch bin ich weiter in Diskotheken gegangen, habe Alkohol getrunken, geraucht und sogar Marihuana verkauft. Und natürlich darf ich nicht vergessen zu erwähnen, dass ich mit Frauen herumgeschlafen habe. Und so habe ich meinen Militärdienst absolviert.

P.O.: Nach ihrem Militärdienst sind sie nach Frankreich zurückgekehrt... aber die Drogen sind Ihnen nachgefolgt?

T.K.: Nach meiner Rückkehr nach Frankreich musste ich wieder Arbeit finden. Als Koch gab es genug Angebote, und so habe ich bald eine Stelle gefunden. Ich hätte wieder neu anfangen und das Drogenmilieu hinter mir lassen können, doch leider wollte ich meine Freunde im Kaffeehaus wiedersehen, in dem ich vorher gearbeitet hatte. Schritt für Schritt hat mein alter Lebensstil wieder die Oberhand gewonnen, und ich habe wieder begonnen mit Cannabis und Marihuana zu handeln. Das Drogengeschäft lief sehr gut, und ich baute eine Hierarchie auf, in der ich der Chef war. Ich verkaufte große Mengen an mehrere Dealer, die es dann an ihre Kunden weiter verkauften. Mit meinem Einkommen als Koch und den Einnahmen aus meinem illegalen Geschäft konnte ich ein schönes Leben führen, und ich verprasste mein ganzes Geld in Nachtklubs... doch dieses schöne Leben konnte nicht lange andauern, da ich bald auf meine eigenen Kosten lernte, dass das Sprichwort „unehrlich erworbenes Geld bringt nie Profit" wahr ist.

Eines Tages war ich dabei ein Geschäft mit einem Mann abzuschließen, der mir zweihundert Gramm Cannabis abkaufen wollte. Nachdem wir uns auf einen Preis geeinigt hatten, haben wir einen Treffpunkt ausgemacht. Er ist in mein Auto eingestiegen, und wir sind in einen nahe gelegenen Wald gefahren, da ich nie Drogen bei mir aufbewahrte. Es war ein Prinzip des Selbstschutzes für den Fall einer polizeilichen Hausdurchsuchung. Im Wald angekommen, habe ich ihm zwei Plaketten von jeweils hundert Gramm geholt. Der Mann hat das Plastik geöffnet, in dem sich Cannabis befand, hat sein Feuerzeug herausgeholt und eine Ecke angezündet, um die Qualität des Produktes zu überprüfen. Nachdem er zufriedengestellt war, hat er seine Hand in seine Hosentasche getan und eine Tränengasbombe herausgeholt, die er in mein Gesicht warf. Trotz meiner Blindheit konnte ich ihm einen Faustschlag verpassen und versuchte ihn festzuhalten. Aber es war aussichtslos, und er schaffte es, ins Auto zu steigen und das Weite zu suchen. Man hätte meinen können, wir befinden uns in einem Krimi. Ich habe mit einer Pistole die Verfolgung aufgenommen. Mehrmals habe ich auf ihn geschossen, doch nichts hat ihn aufgehalten. Ich habe diesen Mann nie wieder gesehen.

P.O.: Dieses erste unglückliche Abenteuer hätte als Warnung dienen können uns Sie dazu zu ermutigen, ihren kleinen Handel zu beenden, doch die Anziehungskraft des Gewinns war wohl stärker als der Verstand?

T.K.: Ja, die Anziehungskraft des Gewinns ist stärker als alles andere! Es ist wahr, dass dieses unglückliche Ereignis zu einer Tragödie hätte werden können, dennoch habe ich mich dazu entschlossen, weiter Drogen zu verkaufen. Nach zwei Jahren des Handels mit den weniger Betuchten, ist ein Händler in einem Nachbardorf festgenommen worden. Er wurde von einer Person beliefert, die bei mir regelmäßig Drogen kaufte. Als er festgenommen wurde, hat er meinen Freund verraten und ihm offenbart, dass ich der Zulieferer dieses Drogenringes war. Ich hatte vollkommenes Vertrauen in meinen Freund, doch die Polizei hatte es geschafft ihn zu überlisten, damit er gesteht. In seinem Haus haben die Polizisten zwei Plaketten von jeweils hundert Gramm gefunden, die mit Plastik umhüllt waren, was darauf schließen ließ, dass es woanders eine noch größere Menge gab. Sie brachten dann meinen Freund dazu ihnen zu glauben, dass sie mich festgenommen hatten, dass ich ihn aufgegeben und gestanden hätte, ihm 1 Kilo verkauft zu haben. Er ist in ihre Falle getappt und hat alles zugegeben. Ich hatte keine Ahnung was los war, und fragte mich, was ich tun sollte: Sollte ich hier bleiben und so tun, als ob nichts wäre? Oder sollte ich so schnell wie möglich die Flucht ergreifen? Nach kurzer Überlegung beschloss ich zu bleiben und weiter als Koch zu arbeiten. Ich sagte mir, dass die Polizei bei mir im Falle einer Hausdurchsuchung nichts finden und es deshalb keinerlei Beweise geben würde, die mich belasteten. Ein paar Tage später, mitten am Nachmittag, kamen drei Männer an meinen Arbeitsplatz und setzten sich um zu essen. Ich wusste, dass es Polizisten waren, doch nach dem Mittagessen verließen sie das Restaurant wieder, und ich war erleichtert... dennoch war ich auf dem Heimweg vorsichtig, und ich hatte den Eindruck, dass mich ein Auto verfolgte. Am nächsten und den folgenden Tagen ging ich so natürlich wie möglich an meinen Arbeitsplatz im Restaurant, und die Tage vergingen ohne Probleme. Bis die Polizei sich dazu entschloss, bei mir zu Hause aufzutauchen, als ich mich gerade ausruhte. Sie zeigten mir den Hausdurchsuchungsbefehl und durchsuchten meine Wohnung, offensichtlich ohne etwas zu finden. Dennoch legten sie mir Handschellen an und führten mich zum Polizeirevier und ließen mich wissen, dass ich festgenommen war. Sie sperrten mich in dieselbe Zelle zu dem Mann, der im Nachbarort festgenommen worden war. Ich nutzte die Gelegenheit, ihm aufzutragen seine Worte so schnell wie möglich zu widerrufen, wenn er nicht wollte, dass ich ihm die Haut abziehe, wenn er wieder draußen ist. Die Angst war auf seinem Gesicht sichtbar und ich dachte, dass meine Botschaft angekommen war. Eine halbe Stunde später kam ein Wärter um ihn noch mal zu befragen, und als ich dann drankam, erfuhr ich, dass die Anklage schwerwiegender geworden war. Ich wurde des Drogenhandels beschuldigt, aber auch der Todesdrohung. Ich habe alles abgestritten und nach vier Tagen in Untersuchungshaft wurde ich dem Untersuchungsrichter vorgeführt. Der entschied, mich im Gefängnis zu behalten. Das schöne Leben war zu Ende. Von nun an hatte ich die Freuden des Gefängnisses zu genießen...

KAPITEL II

EIN JAHR HINTER GITTERN

Paul OHLOTT : Die Anziehungskraft des Gewinns hat Ihnen schließlich ihre Freiheit gekostet. Wie haben sie diese Zeit im Gefängnis erlebt?

Thierry KOPP : Als ich im Gefängnis, das „La Marguerite" hieß – in dem aber nur der Name sexy war - ankam, haben die Wärter mich durchsucht, alle meine Sachen genommen, und ich wurde zu einer Zelle gebracht, die wie ein großer Schlafsaal war: mit Bänken, Tischen, einem Waschbecken und zwei Toiletten. Das war eine Zelle, die für 36 bis 38 Personen vorgesehen war! Nicht nur das, man musste alle Bedürfnisse auf Intimsphäre aufgeben und außerdem mussten wir uns einig werden, was den einen Fernseher und die zwei Duschen betraf... Ich muss Ihnen sagen, es gab fast jeden Tag Raufereien, zumal es auch Gangs gab. Ich erinnere mich an eine Gruppe von Zigeunern, eine Gruppe von 4 oder 5 Einbrechern, eine Gruppe von Jugoslawen. Ich hatte mich eine Zeit lang mit einem Todschläger befreundet, einem albanischen Boxer, der extrem gewalttätig war. Wir haben gemeinsam Sport gemacht. Alle hatten Angst vor ihm, und so war er der perfekte Bodyguard. Eines Tages hat er mir eine Ohrfeige gegeben um mich zu beeindrucken... ich dachte ich würde sterben, so unglaublich war seine Schlagkraft... Selbst die Wärter hatten Angst vor ihm. Ich erinnere mich daran, dass er einmal seine Frau, die ihn besuchte, schlug. Es bedurfte 5 oder 6 Wärter um ihn zu überwältigen, und sie haben ihn 40 Tage in Einzelhaft geworfen. Die Einzelhaft ist echt die Hölle: Du siehst niemanden und bist in deiner dunklen Zelle 23 von 24 Stunden eingeschlossen; du darfst nur 1 Stunde am Tag rausgehen die Füße vertreten. Nachdem er wieder herauskam war er noch verrückter. So zog ich es vor, mich nicht mehr mit ihm abzugeben.

P.O.: Trotz der Raufereien kann ich mir vorstellen, dass es nicht jeden Tag groß hergeht. Langweilt man sich im Gefängnis?

T.K.: Wir hatten ein paar Beschäftigungen, aber es stimmt schon, dass die Tage im Gefängnis einer nach dem anderen vergehen und sich ähneln. Am Morgen verließen meine neuen Knastbrüder und ich den Schlafsaal um uns in den Gemeinschaftsraum zu begeben. Wir hatten Gelegenheit zu arbeiten, wenn wir das wollten. Die Arbeit bestand darin, Heftklammern in Schachteln zu schichten. Es war nicht sehr aufregend und schlecht bezahlt, aber erlaubte jenen, die keinerlei Hilfe von außerhalb hatten, dass sie sich kaufen konnten, was sie benötigten: Zigaretten, Feuerzeuge, Schokolade, etwas extra Essen, aber auch Papier, Kuverts und Briefmarken. Jeden Morgen und Nachmittag hatten wir Anrecht auf eine Stunde, um uns in einem Hof, der von sehr hohen Mauern umgeben war, die Füße zu vertreten. Dreimal pro Woche hatten wir die Möglichkeit Sport zu machen. Abgesehen von diesen paar Beschäftigungen war die Atmosphäre sehr niederschmetternd. Es gab regelmäßig Raufereien und wir sahen oft versuchte Selbstmorde.

P.O.: Waren Sie selbst auch an Raufereien beteiligt?

T.K.: Ich wollte nie an Raufereien teilnehmen, doch im Gefängnis muss man das auch nicht. Die Rauferei kommt bestimmt. Eines Tages spielten wir im Hof Fußball. Es gab einen Araber, der ein boshaftes Vergnügen daran hatte mich ständig zu provozieren, indem er mir Schläge austeilte. Geduld war keine Stärke von mir, besonders in meiner Jugend. Ich versuchte mich mit ihm zu verständigen. Nicht einmal, nicht zweimal, sondern mehrmals, verpasste er mir einen Schlag auf den Kopf. Ich war so wütend, dass ich dazu ansetzte, ihn zu verprügeln. Doch seine Freunde griffen ein und verhinderten, dass ich mich ihm nähern konnte. Ein anderes Mal saß ich an einem Tisch, und ein Typ amüsierte sich damit, seinen Kaugummi auf meinen Tisch zu werfen. Ich sagte dem Typen, dass er ihn wegnehmen soll, aber stattdessen hat er mir gezeigt, wer der Boss ist. So habe ich ihm freundlich erklärt, dass ich mich um ihn kümmern würde, wenn wir wieder im Schlafsaal wären, da ich es vorzog zu vermeiden, im Gemeinschaftsbereich die Aufmerksamkeit auf mich zu ziehen. Ein befreundeter Jugoslawe, der meine Auseinandersetzung mitbekommen hatte, ermutigte mich dazu, ihm den Kopf einzuschlagen und versicherte mir, dass er mich verteidigen würde, wenn mich jemand belästigte. An jenem Abend gab es dann Straßenkampf nach Art „La Marguerite". Die Freuden des Gefängnismilieus...

P.O.: Was ist innerlich im Gefängnis am schwersten auszuhalten?

T.K.: Das Gefängnis ist ein Ort des Zerbruchs. Paradoxerweise verhindert die fehlende Privatsphäre nicht, dass man eine große Einsamkeit empfindet. Ich habe sehr wenige Briefe bekommen, und so war ich von der Außenwelt richtig abgeschnitten. Man tendiert dazu sich zu verschließen, weil man niemandem vertrauen kann.

Es ist hart, nur falsche Beziehungen zu haben, ohne irgendwelches Vertrauen... Das einzige Interesse lag darin neue Methoden für die nächste Prügelei zu lernen. Es ist zwar traurig, aber das Gefängnis ist die beste Ausbildungsstätte für Kriminelle.

P.O.: Wie hat Ihre Familie auf ihre Haftstrafe reagiert?

T.K.: Rein theoretisch durfte ich zweimal pro Woche von meiner Familie oder guten Freunden besucht werden, doch mein Vater hat mich nur ein einziges Mal besucht. Meine Eltern haben mir gestanden, dass es für sie zu schmerzhaft war zu akzeptieren, dass ihr einziger Sohn im Gefängnis krepieren könnte. Im Besuchersaal war mein Vater so niedergeschlagen, dass er mich gefragt hat, bis an welche Grenze ich denn vorhatte zu gehen. Er wollte wissen, ob ich vorhatte, mich noch tiefer in die Kriminalität zu begeben. Ich weiß, dass ich sie sehr enttäuscht hatte. Ich versuchte, sie zu beruhigen indem ich ihnen sagte, dass ich unschuldig war, doch ich muss wohl ein schlechter Lügner gewesen sein, da sie mir nicht geglaubt haben.

P.O.: Während der ersten Monate warteten Sie auf Ihren Prozess. Waren Sie davon überzeugt, verurteilt zu werden?

T.K.: Es war äußerst wahrscheinlich, dass ich schuldig gesprochen würde, aber trotzdem habe ich einen Anwalt genommen, der meine Unschuld beteuern und einen juristischen Irrtum anprangern sollte. Wer nicht wagt gewinnt nicht! Leider hat sich mein Fall verschlechtert, da die Polizei alles sehr genau untersuchte und weitere Personen festnahm. Einer davon hat mich beschuldigt Teil einer Bande von Dealern zu sein und hat sogar den Namen meines Zulieferers angegeben. Ich war festgenagelt... Nach dieser neuen Anschuldigung hat mich die Polizei noch mal befragt, und ich habe geleugnet die Person, die mich angeklagt hatte, zu kennen, genauso wenig wie auch die Person, die als mein Zulieferer genannt worden war. Letztendlich kam mein Fall nach sechs Monaten vor Gericht, und wir wurden alle zu einer Strafe von 15 Monaten im Gefängnis, gefolgt von 15 Monaten auf Bewährung verurteilt. Der Hauptankläger in meinem Fall war ein „Teilzeit Cannabis Großhändler". Abgesehen von der Gefängnisstrafe hat sich auch noch der Zoll eingemischt und uns gezwungen eine saftige Strafe zu zahlen. Der einzige Lichtblick in dieser traurigen Angelegenheit war, dass meine Strafe herabgesetzt wurde, und ich nach einem Jahr herausgekommen bin

KAPITEL III

ZUHÄLTER & EINBRECHERLEHRLING

Paul OHLOTT: Viele fragen sich ob das Gefängnis im Prinzip nicht eine „Ausbildung zum Wiederholungstäter" ist, und Ihre Geschichte stimmt da ja nicht gerade zuversichtlich, nachdem Sie nach Ihrer Freilassung ihre Tätigkeiten sofort wieder aufgenommen haben.

Thierry KOPP: Und das tut mir auch leid, Herr Ohlott, doch damals habe ich mehr ans Geschäft als an Statistiken gedacht! Das Gefängnis hätte mich beruhigen und überzeugen können, mein Leben wieder in geordnete Bahnen zu bringen, doch in Wirklichkeit habe ich dort vor allem neue Techniken und anderes Wissen gelernt, die mir geholfen haben, meinen Drogenring zu erweitern. Kurz nach meiner Entlassung aus dem Gefängnis habe ich mir Kokain beschafft und eine neue Runde von Bar zu Bar begonnen! Aber abgesehen von den Drogen hatte ich mich innerlich fest dazu entschlossen, einen Einbruch zu begehen. Ich habe begonnen mir die Ausrüstung zu besorgen, vor allem ein gutes Stemmeisen, und habe eine Wohnung ins Auge gefasst. Ich bin durch das Aufbrechen der Türe hineingekommen und mit einer ziemlich mageren Beute wieder herausgekommen: ein Videorekorder, ein Fernseher und ein bisschen Kleingeld. Mit dem, was ich gestohlen hatte, konnte ich keine großen Sprünge machen, aber dennoch bin ich ein „Einbrecherlehrling" geworden. Ich hatte einen weiteren Meilenstein meiner kriminellen Karriere erreicht. Und dieser Einbruch hat es mir möglich gemacht mich mit Haschisch einzudecken. Und so habe ich weiter als Dealer gearbeitet.

P.O.: Ich könnte mir vorstellen, dass Sie nicht aufgegeben haben und weitere Einbrüche gemacht haben?

T.K.: Ja, mehrere. Einmal ein Restaurant, ein anderes Mal einen Kiosk... Und zusammen mit meinen Komplizen haben wir auch versucht in eine Firma einzubrechen, doch wir waren nicht in der Lage den Tresor zu öffnen! Wir sind mit leeren Händen zurückgekehrt...

Das Wort Lehrling passt, denn gemeinsam mit meinen beiden Komplizen bildeten wir ein Trio von Amateuren. Wir waren eine Bande der gebrochenen Arme. Außerdem hatte einer meiner Komplizen Pech und ließ sich während eines Einbruches erwischen und hat uns dann verraten. Dieser wahre Freund hat der Polizei erklärt, dass ich außerdem ein Waffen- und Drogenhändler sei. Wegen ihm wurde sofort ein Haftbefehl gegen mich ausgestellt. Und so musste ich flüchten...

P.O.: Sie waren kein neuer Knastbruder...

T.K.: Offensichtlich nicht! Aber um ehrlich zu sein mochte ich das Einbrechen nicht. Wenn man bei jemandem unbefugt eindringt, hat man ständig Angst, dass es schiefgehen könnte. Als wir ins Restaurant eingebrochen waren, haben wir dort drinnen einen Hund vorgefunden... einen deutschen Schäferhund! Glücklicherweise hat sich einer meiner Freunde um ihn gekümmert, da ich vor solchen Hunden große Angst hatte. Im Gefängnis hatte ich einen Typen kennengelernt, der über 400 Einbrüche gemacht hatte. Ein echter Künstler in seinem Fachgebiet! Aber er war krank und musste ständig Medikamente für seine Gesundheit nehmen. Die Einbrüche hatten ihn innerlich total kaputt gemacht. Man kann nicht ständig mit der Angst im Nacken leben! Unser Körper hält das nicht gut aus.

P.O.: Letztendlich haben Sie es vorgezogen ihre erbarmungswürdige Lehre aufzugeben um Zuhälter zu werden... wie haben Sie es angestellt, mit dieser neuen Tätigkeit anzufangen?

T.K.: Es war so, dass in dem Restaurant, das mir als „Ort der Begegnung" für meinen Drogenhandel diente, gerade eine neue Kellnerin eingestellt worden war, und sie war eine schöne Mulattin. Wir haben uns kennengelernt und nach kurzer Zeit ist sie auf mich zugekommen und hat mich gefragt, ob sie sich für mich prostituieren könnte. Anfänglich hat das etwas mein Gewissen belastet, aber ich habe es damit gerechtfertigt, dass sie es gewesen war, die mich gefragt hatte. Und so habe ich das Angebot angenommen und habe einen portugiesischen Freund daran teilhaben lassen, mit dem ich geschäftlich zu tun hatte...

P.O.: Welche Art von Geschäften?

T.K.: Wollen Sie wirklich alles wissen? Um es einfach auszudrücken, wir haben uns sehr lukrative Machenschaften eingerichtet! Wir haben mit den zugehörigen gestohlenen Karten Euroschecks gekauft und sind dann in andere Länder gefahren, um sie auf Banken oder Postämtern einzulösen. Das ist super gelaufen, doch sind wir beim österreichischen Zoll knapp einer Tragödie entgangen. Wir wurden aufgrund von mangelnden Beweisen wieder frei gelassen, doch mussten wir als Folge davon ein neues Geschäft finden. Aufgrund dieser Festnahme wurde uns ein fünfjähriges Einreiseverbot in die Schweiz auferlegt. Kurz und gut, diese charmante Mulattin kam genau zum richtigen Augenblick! Und noch dazu hat sich die Freundin meines portugiesischen Freundes dazu bereit erklärt, sich ebenfalls zu prostituieren. Wir wussten überhaupt nichts über diesen „Beruf", aber wie immer war der Hunger nach Gewinn größer als alles andere.

P.O.: Wie sind Ihre ersten Schritte in der Zuhälterei gelaufen?

T.K.: Schlecht! Wie man es sich vorstellen kann, haben die Prostituierten vor Ort es nicht geschätzt Konkurrenz zu bekommen. Auf dem Gehsteig macht man keine Späße über Gewinneinbußen. Und so wurden wir mit Streitereien unter den Mädchen konfrontiert. Wir sind eingeschritten und haben die Alteingessenen gebeten uns einen anderen Platz zu nennen, wo wir in Ruhe unserer Arbeit nachgehen könnten. Unsere zwei Mädchen waren jung und schön, und so kam es schnell zu einem Zulauf an Klienten. Ein neues florierendes Geschäft war geboren! Wir hatten keine Wohnung, sondern lebten in Hotels, die wir ständig wechselten, damit die Polizei uns nicht findet.

P.O.: Und wie jedes Mal ist das „schöne Leben" wieder mit Problemen konfrontiert worden...

T.K.: Das Leben eines Kriminellen ist kein Zuckerschlecken! Eines Tages haben sich die Mädchen beklagt, dass ein Auto mit vier Männern an Bord an ihnen vorbeigefahren ist und sie von ihnen bedroht und aufgefordert wurden, ihren Standort so schnell wie möglich zu verlassen. Sie haben uns genau beschrieben, wie das Auto aussah, und wir haben unser abgesägtes Jagdgewehr geholt. Wir sind in der Stadt herumgefahren und haben ein Auto gefunden, dass der Beschreibung entsprach, obwohl nur ein Mann darinnen saß. Wir haben ihm den Weg abgeschnitten, und ich bin mit einem Baseballschläger ausgestiegen. Ich hab die Kühlerhaube des Autos zerschmettert habe mich dem Fahrer genähert, der Todesangst hatte. Er hat sich im Auto eingeschlossen und geweigert herauszukommen. An seiner Reaktion habe ich erkannt, dass dieser arme Mann nichts mit den Typen zu tun hatte, die wir suchten. Schade nur um die zerschmetterte Kühlerhaube... wir sind wieder losgefahren und haben in der Nähe der Mädchen geparkt, um auf die vier Rüpel zu warten. Während wir im Auto geduldig warteten hat mein Freund sein Gewehr genommen, aufgemacht um nachzusehen, ob die 2 Patronen drinnen waren. Beim Zumachen hat sich versehentlich ein Schuss gelöst... Der Tod ist nur ein paar Zentimeter an mir vorübergegangen. Ich wäre fast umsonst gestorben... Das Auto ist nicht zurückgekommen, und so sind wir gegen 2 Uhr morgens zum Hotel zurückgekehrt.

P.O.: Haben Sie neben ihrem Geschäft der Zuhälterei auch weiterhin mit Drogen gedealt?

T.K.: Ja, das stand außer Frage. Die Drogen sind eng mit dem Milieu der Prostitution verbunden. Kokain und Haschisch sind der „Treibstoff" der Prostituierten. Die Drogen stimulieren den Sexantrieb. Offensichtlich geht das nicht ohne Risiko für die Mädchen einher, da sie sie öfters einnehmen müssen, weil der einstellende Effekt nicht ewig andauert. Es ist also gefährlich und teuer!

P.O.: Hat sich die Polizei für ihren kleinen Prostituiertenring interessiert?

T.K.: Nach etwa sechs Monaten habe ich bemerkt, dass uns manchmal ein Auto folgte. Jedes Mal ist es uns gelungen schneller zu fahren und es abzuschütteln, aber ich wusste dann, dass die Polizei begonnen hatte, sich für uns zu interessieren. Und so waren wir vorsichtig. Jeden Tag haben wir das Hotel gewechselt und wir haben uns nach einer anderen Stadt in der Nähe umgesehen, in der die Mädchen von Zeit zu Zeit ihrer Tätigkeit nachgehen konnten, um die Polizei möglichst von uns abzulenken.

Eines Montagabends hat sich mein Freund dazu entschlossen, seine Prostituierte zur Arbeit zu schicken und mich gebeten, dasselbe zu tun. Doch ich habe mich geweigert, weil mein sechster Sinn mich vor einer Gefahr warnte. Am nächsten Tag kam das Mädchen in Tränen zu mir und hat mir erzählt, dass mein Freund von der Polizei verhaftet wurde und sich in Gewahrsam befand.

Sie war auch verhaftet worden, und ich befürchtete, dass sie erst freigelassen worden war, nachdem sie der Polizei gestanden hatte, dass ihr Freund ihr Anschaffer war. Ich vertraute ihr nicht und wusste nicht, was ich angesichts dieses Missgeschicks machen sollte. Wir haben uns dazu entschlossen, das Hotel so schnell wie möglich zu verlassen und sind in eine andere Stadt gefahren. Ich konnte das Mädchen nicht bei mir behalten, und so habe ich beschlossen, sie einem deutschen Zuhälter anzuvertrauen. Ich habe ihn kontaktiert, und wir haben uns in einem Kaffeehaus in Deutschland getroffen. Wir haben uns auf einen Geldbetrag geeinigt und uns für die folgende Woche verabredet. In der Zwischenzeit hat das Mädchen in einer Bar gearbeitet. Das war ein schwerer Fehler meinerseits, weil sie sich leider ihrem Chef anvertraut hat, der dann sowohl zu einem Journalisten sowie zur Polizei gegangen ist. Ich hatte keine Ahnung von dem, was hinter meinem Rücken lief, und am vereinbarten Tag des Treffens mit dem deutschen Zuhälter erwartete mich die Polizei als ich in der Bar ankam, in der sie arbeitete. Ich konnte nicht flüchten.

Ich war von den Polizeikräften umringt, und sie nahmen mich in Gewahrsam.

Ich wurde in eine Zelle gesperrt, und mehrmals am Tag holten sie mich um mich zu befragen. Am ersten Tag haben ich ihnen gesagt, dass ich die Anwesenheit eines Verteidigers wünschte und dass ich keine ihrer Fragen beantworten würde. Da wurde der Polizeibeamte, der mich befragte, wütend. Ich saß mit den Händen hinter dem Rücken mit Handschellen gefesselt auf einem Sessel, und er schlug wild auf mich ein, so dass ich auf den Boden fiel. Ich reagierte auf seine Schläge mit Beleidigungen und habe ihn damit bedroht, Klage einzureichen. Nach vier Tagen Polizeigewahrsam wurde ich dem Untersuchungsrichter vorgeführt, obwohl ich alles geleugnet hatte, und wurde für „schwere Zuhälterei und Nötigung zur Prostitution" eingesperrt.

Ich hatte meinen Verteidiger gebeten ein Ansuchen auf Anklage auf freien Fuß einzureichen, doch das wurde abgelehnt, weil der Richter den Hauptzeugen in dieser Angelegenheit beschützen und das Risiko nicht eingehen wollte, dass meine Freisetzung den laufenden Untersuchungen schädlich sein könnte. Und so habe ich nach zwei Monaten hinter Gittern beschlossen einen Hungerstreik zu beginnen. Natürlich habe ich diesen Streik publik gemacht, indem ich denselben Brief an eine Regionalzeitung, den Untersuchungsrichter, den Staatsanwalt, den Justizminister, Amnesty International, den Bundespräsidenten und an meinen Verteidiger geschickt habe. In diesem Brief behauptete ich hoch und heilig, unschuldig zu sein und klagte das mir angetane Unrecht an. So unwahrscheinlich es auch scheint, zwei Wochen nach dieser Medienaktion ist ein Wärter zu mir in die Zelle gekommen und hat mir erklärt, dass ich frei sei. Ich war erstaunt und so glücklich meine Freiheit wieder zu haben. Ich habe dann erfahren, dass meine Freisetzung nicht unbedingt etwas mit meinen Briefen zu tun hatte, sondern die Polizei hatte während meiner Haftstrafe meine Freundin festgenommen. Sie hat dann zugegeben mich zu kennen, hat ihnen aber gesagt, dass ich ein simpler Kunde wäre und nicht ihr „Pimpf". Egal! Ohne zu zögern habe ich Frankreich verlassen und mich in Deutschland niedergelassen, wo ich bald Arbeit als Koch gefunden habe. Meine Freundin hat mich begleitet und mir bei diesem Sprung ins kalte Wasser geholfen. Die beiden Chefs des Restaurants kümmerten sich um die Einkäufe und den Wirtsraum, während wir uns um die Küche kümmerten. Wir hatten viele Kunden und haben gut verdient, aber das hat nicht lange angedauert. Nach zwei Monaten gab es eine Meinungsverschiedenheit zwischen den Chefs und mir, und so hat das Abenteuer geendet.

P.O.: Und so haben sich die alten Dämonen wieder blicken lassen?

T.K.: Ich hab in der Tat einen Job als Callgirl für sie gefunden, aber das hat nicht sehr gut funktioniert. So sind wir in den Süden Deutschlands gezogen, an die Schweizer Grenze, und meine Freundin hat einen Job in einer Bar finden können. Offensichtlich waren die Mädchen in der Bar als einfache „Animierdamen" deklariert, d.h. dass sie keinen sexuellen Kontakt mit den Kunden haben, aber die Realität war eine ganz andere. Jedes Mal wenn ein Kunde eine Flasche Champagner bestellte, hatte er das Recht, mit einem Mädchen in ein Zimmer hinaufzugehen. Sie hat gut verdient, und ich meinerseits habe Cannabis und ein paar Waffen verkauft.

Nach sechs Monaten in Deutschland hatte ich echte Sehnsucht danach, nach Frankreich zurückzukehren.

Und so haben sich meine Freundin und ich auf den Weg gemacht. Leider haben uns die Beamten an der Grenze nach unseren Pässen gefragt, und uns dann gesagt, dass wir an die Seite fahren und parken sollen, damit die anderen Autos vorbeifahren können. Nach ewig langen zehn Minuten habe ich im Rückspiegel gesehen, dass zwei Grenzbeamte sich uns mit Waffen in der Hand näherten, was auf nichts Gutes schließen ließ! Nachdem sie auf unserer Höhe angekommen waren und uns aufgefordert haben aus dem Auto auszusteigen, hab ich schnurstracks das Auto gestartet und bin eine gute Viertelsunde mit höchster Geschwindigkeit gefahren, habe weder Stoppschilder noch rote Ampeln beachtet, dann sind wir aus dem Auto gestiegen, um unsere Flucht zu Fuß fortzusetzen. Ich habe mit meiner Freundin einen Treffpunkt ausgemacht und dann ein Taxi genommen, um zu einem Freund zu fahren. Ich bin in sein Wohnzimmer gegangen und habe ihm mein Abenteuer erzählt. Er hat mir vorgeschlagen, dass ich in seiner Wohnung so lange wie notwendig bleiben kann, und am Abend ist meine Freundin zu mir gestoßen.

Nachdem die Zeit überhaupt nicht verging habe ich meinen Freund gebeten mir Heroin, Haschisch und Kokain zu beschaffen. Jeden Tag habe ich es mir gespritzt, um mein miserables Leben zu vergessen... Nach einer Woche habe ich beschlossen nach Deutschland zurückzugehen, was bedeutete, erneut das Risiko des Grenzüberganges einzugehen. Ich hatte vor, schwimmend den Rhein zu überqueren, was ich dann aber bleiben ließ, weil es Winter war und das Wasser sehr kalt war. Und so habe ich eine Freundin um Hilfe gebeten. Sie war einverstanden, die Reise in ihrem kleinen Renault zu machen, und ich habe mich in den Kofferraum begeben. Alles ist ohne Probleme abgelaufen, und ich war wieder in Deutschland, allerdings bedroht vom Haftbefehl, der mir jederzeit wieder die kostbare Freiheit nehmen konnte. Ich verließ für eine Zeit lang meine Wohnung nicht, bis das Geschäft dann wieder nach mir rief. Ein französischer Freund hat mich gefragt, ob ich eine Bar wüsste, in der eine seiner Freundinnen einen Arbeitsplatz finden könnte. Ich habe ihm geantwortet, dass ich mich darum kümmern kann, und so ist das Mädchen am Bahnhof angekommen. Ich war überrascht festzustellen, dass ich das Mädchen kannte, da ich einige Jahre zuvor eine sexuelle Beziehung mir ihr gehabt hatte. Sie war von den Drogen gezeichnet und nicht mehr in sehr gutem Zustand, wie ich fand. Ich habe sie trotzdem zur Bar mitgenommen, in der meine Freundin arbeitete, und der Chef hat sie sofort eingestellt. Aber als wir sie am nächsten Tag mit in die Stadt nahmen, damit sie Einkäufe erledigen konnte, ist sie verschwunden, und wir haben nie wieder von ihr gehört. Das hat uns nicht wirklich gestört, und wir haben unser ausschweifendes Leben von Prostitution und Drogen weitergeführt.

P.O.: Und was wurde aus Ihrem Urteil? Hat die französische Justiz Sie nicht verurteilt?

T.K.: Etwa vier Monate, nachdem ich mein neues Leben in Deutschland angefangen hatte, habe ich eine Vorladung zum Gericht bekommen. Mein Freund wurde zu einem Jahr verurteilt, während ich nur drei Monate bekommen habe. Nachdem ich bereits im Vorfeld Zeit im Gefängnis verbracht hatte, bin ich als freier Mann aus dem Gericht gegangen, doch das Gericht hat mich nicht dafür entschädigt. Unnötig zu erwähnen, dass ich nicht Widerspruch eingelegt habe!

P.O.: Die Welt der Ausschweifungen lässt keine Zeit für Erholung, und dann hatten Sie ein paar Sorgen mit der Bar, in der Ihre Freundin arbeitete...

T.K.: Ja, wie immer ist das Abenteuer letztendlich den Bach runtergegangen. Es gab zwischen meiner Freundin und ihrem Chef eine schlimme Auseinandersetzung, die zu ihrer sofortigen Entlassung geführt hat! Als ich erfahren habe, was passiert ist, habe ich den Chef angerufen und ihm gedroht ihm die Haut abzuziehen. Als Antwort hat er mir seinen Bodyguard geschickt, der ein Experte der Kampfkünste war und Gott-sei-Dank auch ein guter Freund. Wir haben eine freundschaftliche Vereinbarung getroffen und damit war die Geschichte vorbei.

P.O.: Und die Welt der Ausschweifungen kennt keine Krise...

T.K.: Damals ging es nach dem Motto: „eine Bar verloren, zehn andere gefunden"! Wir haben bald eine andere Bar gefunden, damit meine Freundin sich weiter prostituieren konnte. Was mich betrifft, so habe ich das Angebot eines Freundes angenommen und in einer Tanzbar wieder als Koch gearbeitet. Es war gut bezahlt, wir haben nur abends gearbeitet, und es gab nur wenige Kunden, die aßen.

P.O.: Das schöne Leben... bis Sie sich dazu entschlossen haben, wieder einen verrückten Coup zu machen, indem Sie einen Einbrecher bestehlen!

T.K.: Es war einfach zu verlockend, Herr Ohlott! Einer meiner Arbeitskollegen hat mir vorgeschlagen, mit ihm in eine Spielhalle einzubrechen. Ich habe sein Angebot abgelehnt, aber nachdem er mir den Ort und das Datum mitgeteilt hatte, hatte ich die Idee einem Freund davon zu erzählen und ihm vorzuschlagen den Einbrecher am

Ausgang abzufangen, um ihm seine Beute abzunehmen! Mein Freund war einverstanden und als der Tag des Einbruchs gekommen war, haben wir in der Nähe der Spielhalle gewartet. Als sich das Luftschachtgitter geöffnet hat und der Kopf des Einbrechers sichtbar wurde, haben wir ihn gerufen und ihm seine magere Beute abgenommen... Was das Geld betrifft, so war das nicht mehr als höchstens ein paar Hundert Euro!

P.O.: Eine geringe Beute, die schwerwiegende Konsequenzen hatte...

T.K.: Drei Tage später kam die Polizei, um meinen Kollegen zu verhaften, der den Einbruch begangen hat. Er hat erzählt, dass er selbst bestohlen wurde und dass er meine Stimme erkannt hatte. So hat er mich verraten und die Polizei kam ins Restaurant, um mich zum Polizeirevier mitzunehmen. Ich habe nicht versucht zu flüchten, da ich wusste, dass sie keinerlei Beweise gegen mich hatten. Außerdem habe ich begonnen laut zu lachen, als sie mich gefragt haben, ob ich einen Einbrecher angegriffen habe, um ihm seine Beute zu stehlen, und sie haben mit mir mitgelacht, weil es so eine weit hergeholte Geschichte war.

Die Polizei hat meinem Kollegen, der mich verraten hat, nicht geglaubt, aber leider verging mir bald das Lachen, weil die deutsche Polizei Recherchen über mich machte und die Existenz eines internationalen Haftbefehls entdeckte. Das bedeutete den direkten Weg ins Gefängnis. Mein Verteidiger hat mich informiert, dass ich in Frankreich des Einbruches schuldig gesprochen worden war und eine Mindeststrafe von einem Jahr im Gefängnis ohne Bewährung bekommen hatte. Ich habe zweieinhalb Monate im Gefängnis in Deutschland verbracht bevor sie mich in einem gepanzerten Wagen an die Grenze gebracht haben, um mich den französischen Autoritäten zu übergeben. Das war gut so, weil das Essen in Frankreich viel besser ist als am anderen Ufer des Rheins. Ich hatte die Nase voll von ihrem Tee und Würsten! Aber Spaß bei Seite, bei meiner Übergabe hat mich der Zollbeamte, dem ich entwischt war, wiedererkannt und er hat mir anvertraut, dass er damals fast von seiner Waffe Gebrauch gemacht hätte. Weil so viele Fahrzeuge um mich herum standen, sah er davon ab, von der Schusswaffe Gebrauch zu machen. Ich hatte an jenem Tag also Glück gehabt. Eine Kugel hätte mich erwischen können...

FOTOS

Thierry Kopp mit seinem weißen Bullterrier

Thierry Kopp als Kind, zu Weihnachten

Thierry Kopp, beim Militär!

Thierry Kopp mit seinem weißen Bullterrier

Die Familie KOPP 2014

KAPITEL IV

RÜCKKEHR INS GEFÄNGNIS UND WIEDERAUFNAHME DES AUSNUTZENS VON FRAUEN

Paul OHLOTT: Hatten Sie nicht schon die Nase voll von diesem ausschweifendem Leben, das sie regelmäßig aufs Polizeirevier und ins Gefängnis brachte?

Thierry KOPP: Doch. Es war schwer für mich, mich wieder hinter Gittern zu befinden. Ich hasste die Atmosphäre dieses Gefängnisses. Ich dachte ständig an draußen und kaum angekommen, überlegte ich mir schon wie ich ausbrechen könnte. Glücklicherweise ist mir keine glorreiche Idee eingefallen und so habe ich letztendlich beschlossen in der Küche zu arbeiten, um mich tagsüber bestmöglich zu beschäftigen, anstatt ständig finstere Gedanken hin und her zu schieben. Außerdem ermöglichte es mir gut zu essen, was ein Riesenvorteil ist, wenn man sich hinter Gittern befindet.

P.O.: Sie haben in erster Instanz Berufung gegen ihre Schuldigsprechung eingelegt... Sie sind aber trotzdem im Gefängnis geblieben.

T.K.: Ich habe Berufung eingelegt in der Hoffnung frei zu kommen, aber meine Strafe wurde nur vermindert. Der Richter hat meine Strafe um zwei Monate verringert und mich informiert, dass ich noch fünfzehn Monate Gefängnis mit Bewährung hätte und dass sie auch nur beim geringsten Vergehen meines Verhaltens nicht zögern würden, die Bewährung sofort in Gefängnisstrafe umzuwandeln. Ich habe das Gericht mit einem Grinsen im Gesicht und einem unbeschwerten Herzen verlassen. Mir war bewusst, dass die Richterin mir nicht nur eine Blume sondern einen ganzen Blumenstrauß gegeben hatte! Ich musste nur zweieinhalb Monate mehr im Gefängnis überstehen. Das mag wie ein kurzer Zeitraum erscheinen, aber ich versichere Ihnen, Herr Ohlott, dass ich die Tage zählte und dass es mir wie eine Ewigkeit vorkam, trotz meiner Arbeit in der Küche. Nachts dachte ich über meine gegenwärtige Situation nach und fragte mich, was ich nach meiner Freilassung tun würde. Ich hatte keine Ahnung...

Und dann kam der lang erwartete Tag. Oh, wie es den Ohren schmeichelt die Schritte des Wärters zu hören, die sich nähern, das Geräusch des Schlüssels im Schloss und die Stimme, die sagt: „Kopp, zusammenpacken!" Ich bin ihm zum Schalter gefolgt, hab meine Sachen entgegen genommen und bin gegangen. Endlich wieder frei! Ich war sehr froh, obwohl ich immer noch nicht wusste, was ich mit meinem Leben anstellen sollte. Meine Freundin, die sich in Deutschland prostituierte, ist mich während der ersten drei Monate im Gefängnis besuchen gekommen, aber dann wollte ich sie nicht mehr sehen, weil sie aus Versehen, meinen Hund sterben ließ. Ich liebte meinen Hund sehr. Es war ein weißer Bullterrier mit einem schwarzen Auge und ein Hund, der immer dazu bereit war mich zu verteidigen... Aber um nicht ganz allein auf mich gestellt zu sein habe ich mich trotzdem dazu entschlossen meine Freundin wieder aufzusuchen und habe sie bald in einer Bar in Frankreich gefunden. Der Chef dieser Bar wollte, dass sie sich für ihn prostituiert, aber das wollte sie nicht.

So habe ich also den Chef der Bar aufgesucht, der sich vor mir fürchtete und aus Angst mir mehrere Getränke anbot, damit ich mich beruhige. Ich habe ihn informiert, dass meine Freundin hier nicht mehr arbeiten würde. Am selben Abend hat sie die Bar verlassen. Und plötzlich standen wir beide da und wussten nicht was tun...

Wir hatten etwas Geld auf die Seite geschafft, aber keinen großen Betrag. Nach kurzer Überlegung habe ich ihr gesagt, dass sie sich wohl noch ein Jahr lang in Deutschland prostituieren muss, und dann könnten wir ein Restaurant in Frankreich eröffnen. Sie hat meinen Vorschlag angenommen und so sind wir wieder nach Deutschland gegangen, wo sie einen Job in einer Bar gefunden hat. Sie hat ziemlich gut verdient, aber sie musste gemeinsam mit den Kunden trinken und das hat ihre Gesundheit ziemlich kaputt gemacht. Ich hatte dieses Mädchen sehr gerne und mein Vorschlag ein Restaurant zu eröffnen war ernst gemeint... aber zur gleichen Zeit, jedes Mal wenn ich an die sexuellen Kontakte dachte, die dieses arme Mädchen aushalten musste, hatte ich keinerlei Lust darauf, mein Leben mit ihr zur verbringen... Ich habe gezögert alles aufzugeben, um ein neues Leben anzufangen, da ich dank ihr Geld verdiente. Ich war dabei ein Schweinehund zu werden, ein Egoist, jemand, der andere ausnützt und weniger als nichts wert ist... und das hat dazu geführt, dass ich fast am Durchdrehen war. In meinem Innersten wollte ich etwas anderes, und ich wollte jemand sein, der gut ist.

Während ich in meinem Kopf zwischen verschiedenen Möglichkeiten hin- und hergerissen war, hat uns ein Freund von einem Saunaklub in der Schweiz erzählt, in dem sie nicht trinken müsste, und außerdem würde sie mehr Geld verdienen. Das Prinzip war einfach: die Kunden zahlten Eintritt zur Sauna und konnten sich dann ein Mädchen aussuchen, mit dem sie sexuellen Kontakt haben wollten. Es war illegal aber ohne Risiko für den Besitzer, solange kein Mädchen Beschwerde gehen ihn einlegte. Wir sind zu dem Klub gefahren und ihre Bewerbung wurde angenommen. Schon am nächsten Tag begann sie dort_zu arbeiten. Sie hat dort mehrere Monate verbracht und es war hier auch viel besser für sie. Jedoch gab es einen Konflikt unter den Mädchen, wodurch sich die Atmosphäre schwerwiegend verschlechtert hat und so hat sie letztendlich den Klub verlassen. Wir haben dann einen anderen Klub in der Nähe gefunden, doch der Chef wurde wegen Handels mit Kokain ins Gefängnis gesteckt.

P.O.: Und trotzdem haben Sie mit der Prostitution weiter gemacht?

T.K.: Es ist ja nicht gerade selbstverständlich, mit einem florierenden Gewerbe aufzuhören. Der Hunger nach leicht verdientem Geld ist stärker als alles andere, wenn man immer tiefer im Teufelskreis der Ausschweifungen steckt. Außerdem gefiel mir die Situation sehr gut, da ich alle Vorteile hatte, während sie die Unannehmlichkeiten hatte... Wenn ich mich selbst prostituieren hätte müssen, wäre ich sicherlich nicht sehr lange auf diesem Weg geblieben! Kurzum, nach dem Schließen des zweiten Klubs hat sie eine Anstellung in einer Wohnung bekommen, die als Bordell diente. Ich hab dann meinerseits beschlossen ein bisschen zu arbeiten, um unsere Situation im Falle einer Polizeikontrolle glaubwürdig machen zu können. Ich wurde Händler in einer Firma, die Staubsauger verkaufte. Eine angenehme Arbeit, die gut lief.

Während ich dort arbeitete hat man mir Arbeit bei einer Versicherungsgesellschaft angeboten, die sich dazu verpflichtete uns zwei Jahre lang auszubilden und wenn wir danach die Prüfung bestehen würden, hätten wir die Möglichkeit unser eigenes Versicherungsbüro zu eröffnen. Das Angebot war wirklich verlockend, da uns die Gesellschaft ein Fixgehalt garantierte, zu dem noch die Provision von den abgeschlossenen Versicherungsverträgen kam. Ich habe mich in dieser neuen Branche intensiv eingebracht und der Erfolg ließ nicht auf sich warten. Trotzdem, diese neue Anstellung erforderte zahlreiche Reisen und meine Freundin begann unter meiner ständigen Abwesenheit zu leiden. Manchmal musste ich für meine Ausbildung zwei Wochen am Stück weg sein, um an Seminaren teilzunehmen, die die Versicherungsgesellschaft organisierte. Sie hielt diese Lebensveränderung nicht aus. Unsere Beziehung hat sich beträchtlich verschlechtert. Um dieser giftigen Atmosphäre zu entgehen bin ich für zwei Wochen in Urlaub nach Marokko gefahren. Ich wollte mich entspannen, doch in Wirklichkeit hatte ich eine andere Idee im Kopf. Trotz meines beruflichen Erfolges hatte ich vor, in Marokko Mädchen zu finden, die dazu bereit wären sich in Deutschland für mich zu prostituieren. Zwei Wochen lang verbrachte ich die Tage am Strand und die Nächte in der Diskothek. Ich habe einen Marokkaner kennengelernt, der sich dazu bereit erklärt hat, mir Mädchen zu finden, die ich nach Deutschland mitnehmen könnte. Ich notierte seine Daten und versprach ihm, auf ihn zurückzukommen um die Details zu besprechen. Und dann bin ich heimgefahren, weil meine Ferien vorbei waren.

P.O.: Aus diesem Geschäft in Marokko ist nie etwas geworden... Was ist passiert?

T.K.: Erstens hat mich meine Freundin nach meiner Rückkehr angerufen um mir mitzuteilen, dass sie mich verlassen hatte. Sie hatte mein Auto am Parkplatz des

Flughafens zurückgelassen, mit den Schlüsseln unter dem Sitz. Als ich in der Wohnung ankam, fehlte ein Teil der Möbel, die sie mitgenommen hatte... und ich war ganz alleine in dieser halbleeren Wohnung. Ich habe ihre Entscheidung akzeptiert. Irgendwie hatte ich es bereits erwartet, aber trotzdem hat es mich getroffen. Aber gut, ich musste mich damit abfinden und habe mich wieder an die Arbeit gemacht. Und diese Arbeit hat mich echt gerettet, in jeder Hinsicht, nicht nur weil ich aufblühte, sondern auch weil mein Vorgesetzter ein brennender Christ war. Er sprach ständig von seinem Jesus zu mir. Er erzählte mir, dass es möglich sei, eine persönliche Beziehung mit Gott zu haben. Ich war fasziniert von dem, was er zu erleben schien und was er erzählte. Ich begann seine Traktate zu lesen, die er mir von Zeit zu Zeit gab. Ich verstand nichts von dem, was ich las, aber ich diskutierte gerne über diese Dinge.

KAPITEL V

ALS GOTT SICH IN MEINE FINSTERNIS EINMISCHT

Paul OHLOTT: Gott hat sich Ihnen also durch ihren Vorgesetzten genähert?

Thierry KOPP: Bis zu dem Zeitpunkt hatte Gott keinerlei Platz in meinem Leben und ich interessierte mich kaum für Religionen... aber durch diesen Mann habe ich begonnen mir über Gott Gedanken zu machen. Obwohl sein Leben etwas ungeordnet war, hat mir mein Kollege versichert, dass Gott einen Plan für mein Leben hat. Eines Tages, an einem Samstagnachmittag, hat mich zu einem Kaffee bei sich zu Hause eingeladen. Als ich angekommen bin habe ich festgestellt, dass er eine ganz Gruppe von Christen eingeladen hatte, die mir von Gottes Liebe erzählten und mir vorschlugen, am selben Abend zu einem Gottesdienst in einer Gemeinde mitzukommen. Ich war einverstanden mitzukommen und so war ich in meinem ersten Gottesdienst – in Shorts und Tennisschuhen. Ich wurde freundlich empfangen. Ich saß dort und beobachtete neugierig, was vor sich ging. Die Leute sangen, tanzten, klatschten in die Hände... ich verstand kaum etwas, doch ich bemerkte die Freude auf ihren Gesichtern. Sie hatten etwas, was ich nicht hatte.

P.O.: Es war ihre Freude, die sie von der Existenz Gottes überzeugte?

T.K.: Nein, ich beneidete sie um ihre Freude, doch ich brauchte schon mehr, um an Gott zu glauben. Es war dieses unglaubliche Erlebnis, das ich während des Gottesdienstes hatte, das mich von der Existenz Gottes überzeugte. Während sie sangen dachte ich mir, dass ich auch gerne diese Freude am Leben hätte, und während dieser Gedanke durch meinen Kopf ging, habe ich eine Art von gruseliger Vision gehabt. Eine durchsichtige Kugel ist erschienen und hat sich mir mit Lichtgeschwindigkeit genähert. Seien Sie gnädig und fragen Sie mich nicht, was das war, denn ich könnte Ihnen nicht mit Bestimmtheit den Sinn dieser Vision erklären... aber eines ist sicher, diese Kugel war vor meinem Gesicht und ich sah mein Leben vor mir ablaufen, als ob ich im Kino wäre. Als die verschiedenen Szenen meines Lebens vor meinen Augen abliefen, fühlte ich mich schmutzig, als ob ich dabei war zu entdecken, dass ich ein Sünder war, und gleichzeitig fühlte ich eine unglaubliche Liebe; eine Liebe, die das menschliche Verständnis übersteigt. Erschüttert von dem, was ich erlebt hatte, weinte ich eine halbe Stunde lang.

Die Leute, die mich zu diesem Abend eingeladen hatten, fragten mich dann, ob ich Jesus Christus als meinen Retter und Herrn in mein Leben aufnehmen wollte. Ich habe ein ganz einfaches Gebet nachgesprochen:

„Herr Jesus, ich glaube, dass du der Sohn Gottes bist und ich glaube, dass du für mich am Kreuz von Golgatha gestorben und dass du wieder auferstanden bist. Ich gebe dir mein Leben und bitte dich um Vergebung für meine Sünden. Sei du mein Retter und mein Herr. Amen."

Nach meinem Gebet hat ein tiefer Friede mein ganzes Sein durchdrungen und ich fühlte mich, als ob mich jemand von einem Gewicht, das mich erdrückte, befreit hatte. Ich hatte eine Befreiung erlebt und die Freude des Himmels hat mich erfüllt. An jenem Abend bin ich ein neuer Mensch geworden, ein Christ, der nach Gott dürstete. Was ich gerade erlebt hatte war so unglaublich, dass ich am nächsten Morgen allen Leuten, die mir über den Weg liefen, von Gott erzählen und meinen Glauben bezeugen wollte. Mein Zeugnis hat viele Menschen getroffen und sie haben ihre eigene Begegnung mit diesem wunderbaren Gott erlebt.

Während mein Leben vorher aus nichts als Ausschweifungen bestand, entdeckte ich nun die Heiligkeit und Gegenwart des Heiligen Geistes. Ich fühlte mich als würde ich wie die ersten Jünger am Pfingsttag leben. Ich begann die Bibel zu lesen und darüber nachzudenken und verbrachte Zeit im Gebet. Ich wollte alles über Gott wissen. Ich war buchstäblich verwandelt. Das ist es, was Jesus die „neue Geburt" nennt. Ich hätte es nie für möglich gehalten, dass ich eine solche Erschütterung erleben könnte und dass es ein anderes Leben, als das, was ich führte, geben könnte. Ich wusste nicht, dass Gott uns aus unseren Ausschweifungen herausführen kann und dass er einen Plan für uns hat. Was für eine Offenbarung!

P.O.: Eine Vision, ein einfaches Gebet und schon sind sie verwandelt... ist es so einfach?

T.K.: Wenn Gott sich uns offenbart, ist es einfach an ihn zu glauben, aber das bedeutet noch lange nicht, dass das Leben plötzlich zu einem ruhigen, langen Fluss wird. Selbst von einem geistlichen Blickwinkel betrachtet habe ich bald meine ersten Kämpfe erlebt. Kurz nach meiner Bekehrung zu Jesus Christus wurde ich von einer Flut von Fragen angegriffen, als ob der Zweifel mich ergreifen wollte. Ich hörte eine Stimme, die mir sagte: „Glaubst du wirklich, dass es so einfach ist?", „Glaubst du, dass es reicht Jesus anzunehmen um errettet zu sein?", „Glaubst du wirklich, dass dir alle deine Sünden vergeben sind?"... Eine Stimme, die irgendwie an jene erinnerte, die Eva im biblischen Bericht verführt hatte, als sie sagte: „Hat Gott wirklich gesagt?" Diese Gedanken klagten mich ständig an, erinnerten mich an alles Schlechte, welches ich mit den Mädchen, mit den Drogen, angestellt hatte... Und diese Gedanken verwirrten mich und ersetzten den Frieden mit Scham, die Freude mit Trauer, den Glauben mit Zweifel... bis es soweit kam, dass ich einige Zeit lang nicht einmal mehr davon Zeugnis ablegen konnte, was Gott in meinem Leben getan hatte. Es war sehr destabilisierend und ich war echt verstört. In der evangelikalen Umgangssprache nennt man das eine „Wüstenzeit" und die gehört zum „geistlichen Kampf", den wir führen müssen. Jesus hat das erlebt, als er sich taufen ließ. Das Evangelium erzählt uns, dass er in die Wüste gegangen ist und dass er 40 Tage lang gefastet hat. Und während dieser Wüstenzeit hat der Teufel versucht ihn zu verführen und zu destabilisieren, um zu verhindern, dass er seine Berufung erfüllen würde. Und so arbeitet der Teufel auch heute noch mit jedem von uns. Deshalb entfernen sich so viele Menschen, ob bewusst oder unbewusst, weit weg vom Plan Gottes für ihr Leben und befinden sich auf einem riesigen Umweg.

P.O.: Trotz Ihrer Bekehrung waren Sie nicht der Prototyp des perfekten Christen! Wie hat die Gemeinde Sie aufgenommen?

T.K.: Ich habe mich ziemlich gut aufgenommen gefühlt, aber ich erinnere mich zum Beispiel, drei Monate nach meiner Bekehrung rauchte ich immer noch vor der Gemeinde nach jedem Gottesdienst. Da schaute mich die Frau des Pastors schief an und sagte mir, dass ich mit dem Rauchen aufhören müsste, wenn ich wollte, dass Gott mich verwendet. Es gab auch ein paar Christen, die mir wegen meines Kleidungsstils Vorwürfe machten, weil ich Cowboystiefel trug und ein bisschen den lässig coolen Typen spielte. Als ich später zum ersten Mal predigte, war der Pastor mit meiner Botschaft zufrieden, hat mir aber mitgeteilt, dass er meinen Predigtstil nicht so sehr mochte. Ich passte eindeutig nicht in die einheimische Form... Und deshalb ist es wichtig, dass die Gemeinde sich auf das konzentriert, was wirklich wesentlich ist, und jeden das Evangelium je nach seiner Persönlichkeit leben lässt. Was mich betrifft habe ich immer abgelehnt, dass man mich in eine Schublade steckt. Gott verändert unser Leben, aber er macht aus uns keine Clowns. Er respektiert die Persönlichkeit eines jeden. Er ist derjenige, der uns so geschaffen hat. Heute lehre ich viel über das Thema der Identität, aber auch über den Missbrauch und Ablehnung. Wir müssen richtig wiederhergestellt sein, damit wir die wahre Freiheit Christi erleben können.

P.O.: Dieser Glaube an Gott, war das wirklich etwas Neues für Sie? Hatten Sie als Kind nie Religionsunterricht gehabt?

T.K.: Meine Eltern waren offizielle Katholiken, aber sie sind nie zur Messe gegangen. Sie hatten nie ein Erlebnis einer Offenbarung gehabt, wie ich sie in dieser Gemeinde erlebt hatte. Und dennoch, wie ich schon erzählt habe, hatte ich nichts Besonderes dafür gemacht. Ich hatte es überhaupt nicht erwartet. Die Gnade ist einfach auf mich gefallen! Was meine Eltern betrifft, so hatten sie einfach Werte, die ihr Leben dirigierten. Als mein Vater erfahren hatte, dass ich wegen Zuhälterei verurteilt worden war, und mich im Gefängnis besuchte, wusste ich, dass er innerlich verletzt war. Meine Lebensentscheidungen nicht mit den Familienwerten übereinstimmten, die sie versucht hatten mir einzuschärfen. Mein Vater dachte bestimmt, dass ich ein hoffnungsloser Fall sei, besonders nach meiner zweiten Haftstrafe wegen Zuhälterei. Er machte sich Sorgen, dass ich mich eines Tages dazu entschließen könnte, eine Bank zu überfallen.

P.O.: Nachdem Sie sich bewusst waren, dass Sie ihre Eltern verletzt hatten, haben Sie irgendetwas getan um sie um Vergebung zu bitten, nachdem Sie von diesem Glauben an Gott durchdrungen waren?

T.K.: Ich war so von meinem ausschweifenden Leben zerstört worden, dass ich mir nachdem ich Christ geworden war einen Seelsorger genommen habe, um Orientierungshilfe zu bekommen und in Zukunft in die richtige Richtung zu gehen. Im Zuge dieser Seelsorge hat der Seelsorger, der mit meinem Fall betraut war, mir die Frage gestellt: „Hast du deine Eltern jemals um Vergebung gebeten?" Ich hatte nie auch nur an die Notwendigkeit eines solchen Schrittes gedacht und sie noch nie um Vergeben gebeten. Und so habe ich beschlossen sie zu besuchen. Wir haben ein gemeinsames Essen geplant, doch als der Zeitpunkt gekommen war, den Mund aufzumachen, hatte ich nicht den Mut dazu und ich habe nichts gesagt. Totaler Reinfall. Ich musste noch ein zweites Mal wiederkommen, fest entschlossen meinen Stolz zu unterdrücken, damit es mir auf sehr ungeschickte Weise doch noch gelang. Ich wusste nicht genau, wie ich es anstellen sollte. Ich habe so getan als ob nichts wäre und habe eine einfache Frage in unser

Gespräch einfließen lassen: „Habe ich euch eigentlich jemals um Vergebung dafür gebeten, dass ich ins Gefängnis gegangen bin und euch so viele Sorgen bereitet habe?" Ich dachte es wäre nicht anders, als einen Brief auf der Post aufzugeben, doch diese einfache Frage hat bei meiner Mutter eine Reaktion ausgelöst, die daraufhin ihre schwere Bürde ans Licht gebracht hat: „Nein, du hast mich nie um Vergebung gebeten und in all den Jahren seither war ich wegen dir krank. Ich leide an Depressionen und einer Menge anderer Probleme... Was haben wir Unrechtes getan, dass du ein Krimineller geworden bist?" Ich hatte keine Ahnung, dass meine Mutter mir so viel Groll entgegen brachte und dass sie alle diese Anschuldigungen in ihrem Inneren hatte. An jenem Tag ist mir die Schwere meines Verhaltens und wie sehr ich ihnen wehgetan hatte bewusst geworden. Ich konnte sie wirklich um Vergebung bitten und das war extrem befreiend.

P.O.: Wie haben sie Ihre Bekehrung zu Jesus in einer protestantischen evangelikalen Gemeinde gesehen?

T.K.: Es war nicht einfach für sie zu verstehen, was ich erlebt hatte. Am Anfang kam der Vorwurf von meine Mutter, einer Sekte zu sein... und ich habe versucht sie zu beruhigen, indem ich ihr im Spaß sagte, dass ich der Guru wäre. Das hat meinen Vater sehr zum Lachen gebracht, aber meine Mutter brauchte mehr Zeit um meine Verwandlung zu verstehen. Später haben sie beide diese persönliche Begegnung mit Jesus erlebt. Sie haben schöne Erlebnisse mit dem Herrn gehabt.

P.O.: Zu welchem Zeitpunkt wussten Sie, dass Ihr Leben sich komplett ändern würde, und zwar so sehr, dass Sie sich vollzeitig für Gott einsetzen würden?

T.K.: Das wusste ich bald. Eines Tages ging ich in eine Gemeinde in Mulhouse. Am Ende des Gottesdienstes schaute ich mir die Bücherecke an und fand eine Kassette... Ja, Herr Ohlott, damals hörten wir Kassetten an! Ich kaufte sie und hörte mir die Predigt an. Der Prediger sprach von einer Bibelschule, die er leitete und ich wusste im tiefsten Inneren, dass ich dort hingehen sollte. Ich habe Kontakt mit den Leitern aufgenommen, die zugestimmt haben mich für ein Gespräch zu empfangen. Das einzige Problem war, dass ich nicht die Aufnahmebestimmungen erfüllte, da man mindestens zwei Jahre Christ sein musste, was bei mir nicht der Fall war. Trotz dieser einschränkenden Klausel hat mir der Direktor gesagt, dass er beten würde um zu sehen, ob er in meinem Fall eine Ausnahme machen und mich dennoch aufnehmen sollte. Da wusste ich in meinem Herzen schon, dass ich angenommen werden würde, da der Herr mir diese Gewissheit gegeben hatte, dass dort mein Platz war. Einen Monat später habe ich einen Brief erhalten, worin stand, dass meine Bewerbung angenommen worden war. Ich war sehr froh, nun meine Zeit der Gegenwart Gottes und meiner Fortbildung zu widmen, denn ich wusste nicht viel über die Bibel. Und es war während dieser biblischen Ausbildung, dass mehrere Personen Prophetien für mich bekamen und mir sagten, dass ich eines Tages Gott vollzeitlich dienen würde. Nach fünf Jahren der Ausbildung habe ich alles zurückgelassen, um ihm ganz zu dienen.

P.O.: Sind Sie als Evangelist zu den Prostituierten und Dealern gegangen, um ihnen von Ihrem Glauben zu bezeugen?

T.K.: Ich kümmerte mich um ein paar Prostituierte, die sich bekehrt hatten, aber ich hatte nicht den Eindruck, dass Gott mich dazu berufen hatte, ihm nur in diesem Milieu zu dienen. Es ist ein sehr eigenes Milieu, in dem die Versuchungen zahlreich sind und wo man leicht fallen kann. Ich bin ein Mann aus Fleisch und Blut und ich passe auf mich auf. Man darf nicht blauäugig sein, wenn man mit diesen Menschen Kontakt hat.

Auch wenn ich jetzt ein paar Leser schockieren werde, so muss man wissen, dass dieses Milieu abgesehen vom Sex auch von der Zauberei durchdrungen wird. Es sind dämonische Mächte am Wirken. Eines Tages bin ich in die Bar eines Freundes gegangen, wo die Prostitution gang und gäbe war. Als ich dort hineingegangen bin, habe ich eine dämonische Schwere gefühlt. Ich sah Dämonen, die mich angriffen. Aber an jenem Tag war ich wirklich vom Heiligen Geist geführt und ich begann von Gott Zeugnis abzulegen. Es war ganz stark und eine Frau fing beim Zuhören an zu weinen.

Ich kenne einen Mann, der behauptete einen Ruf zu haben, unter den Prostituierten zu arbeiten, und ich bin sicher, dass er das gut gemeint hat. Dann habe ich aber erfahren, dass er begonnen hat mit ihnen zu schlafen, bis es zur Scheidung seiner Ehe kam. Er hatte nicht die Kraft der Verführung in Betracht gezogen, die in diesem Milieu herrscht. Man muss seine Schwächen gut kennen und vorsichtig bleiben, denn das Brennen für Gott ist keine absolute Garantie. Ich weiß woher ich komme und wenn man einmal in der Sexualität, bei der alles erlaubt ist, eingetaucht gewesen ist... dann vermeidet man es, gewisse Fehler zu machen.

P.O.: Wenn man ein so ausschweifendes Leben geführt hat, in dem das Verhältnis zu Sexualität und Liebe ganz falsch ist, ist es dann einfach, wieder hergestellt zu werden, wie das bei Ihnen der Fall war? Eine Familie zu gründen und eine gesunde Sicht von Liebe wiederzufinden?

T.K.: Ehrlich gesagt, ohne die Gnade Gottes hätte ich das sicher nie geschafft. Zuerst einmal hat man große Probleme mit Masturbation, wenn man dieses Milieu von einem Tag auf den anderen verlässt. Ich brauchte eine echte Heilung vom Herrn diesbezüglich, auch in meinen Gedanken. Außerdem sind die beiden eng mit einander verbunden. Wenn manche, die diese Zeilen jetzt lesen, auch Ausschweifungen kannten und unter dieser Art von Problemen leiden, dann sollen sie zuerst einmal aufhören sich schuldig zu fühlen, da das ganz normal ist. Man braucht Zeit um zu heilen, und man muss Gott handeln lassen. Gleich nach meiner Bekehrung schaute ich die Frauen weiter so an wie ich es vorher gemacht hatte, ohne dass mir das bewusst war. Es war für mich ganz natürlich geworden und ich brauchte die Bemerkungen meiner neuen christlichen Freunde, damit ich mir dieses Problems bewusst geworden bin und ich anfangen konnte, mich ändern zu wollen. Meine christlichen Freunde mussten geduldig sein, weil ich in einer ganz anderen Welt lebte. Ich sagte ihnen, dass sie verrückt seien, dass Gott die Schönheit der Frauen geschaffen hatte und dass es blöd wäre, das nicht auszunutzen. Es war dann letztendlich bei einer christlichen Frauenkonferenz, an der ich teilnahm (bei der die Gegenwart von Männern erlaubt war), als ich von Gott ein Wort bekommen habe. Ich bin zu der Konferenz gegangen in der Hoffnung unter den 400 Versammelten eine Frau zu finden... und ich habe die Stimme Gottes gehört, die mir sagte, dass ich zuerst sein Reich und seine Gerechtigkeit suchen sollte, und dann würde er mir alles geben, was ich brauche. Und so habe ich – trotz mehrerer Gelegenheiten – echt darauf gewartet die richtige Person zu finden, mit der ich eine Familie gründen könnte, und ich habe dazu zehn Jahre gebraucht! Wenn das kein Beweis dafür ist, dass sich mein Leben wirklich geändert hat, dann weiß ich nicht...

P.O.: Und das Gefängnismilieu, gehört das zu ihrem Evangelistenleben?

T.K.: Ich weiß nicht, ob man das so sagen kann. Sagen wir mal, dass ich schon mehrere Male im Gefängnis war um das Evangelium zu predigen. Und es stimmt schon, dass ich aufgrund meiner Vergangenheit eine Sprache sprechen konnte, die die Insassen verstanden. Man muss einmal erlebt haben, eingesperrt zu sein um zu wissen, wie sich ein Insasse fühlt. Wenn ich in diesem Milieu spreche, spreche ich daher oft von der Einsamkeit, der Angst, den Prügeleien, den fehlenden Bezug zur Außenwelt... Ich hoffe von ganzem Herzen, dass viele Insassen dieses Buch in die Hand bekommen können, damit manche ermutigt werden und diesem lebendigen Gott begegnen können, der mein Leben verwandelt hat.

Wie auch immer, ich habe ein Herz für die Verlorenen und für die Außenseiter des Lebens... und ich habe vor eine „Gemeindebar" zu gründen. Es ist ein Projekt von dem wir sehen werden, ob Gott zulässt, dass es Wirklichkeit wird. In der Zwischenzeit lehre ich eine neue Generation, die Gott dienen möchte, und arbeite bei Gemeindegründungen mit.

KAPITEL VI

BRIEF AN DIE AUSSENSEITER DES LEBENS

Lieber Freund, liebe Freundin!

Ich kenne Dich nicht und weiß nicht, wie dieses Buch in Deine Hände geraten ist, aber wenn Du diesen Brief an die Außenseiter des Lebens liest, dann wünscht Du Dir bestimmt eine Veränderung im tiefsten Inneren (von Dir), obwohl Du Dir eine schöne Fassade aufgebaut hast. Und ich hoffe von ganzem Herzen, dass Dir mein Zeugnis von Nutzen sein wird, um diese Veränderung zu erfahren.

Mein Leben war nicht leicht und ich war dabei in einem Teufelskreis von Missgeschicken zu versinken, wie Du beim Lesen dieses Gesprächs mit dem Journalisten Paul Ohlott selbst sehen konntest. Aber mein Zeugnis soll vor allem eine Quelle der Hoffnung für Dich sein, denn auch Du kannst mit der Hilfe Gottes eine wahre Verwandlung Deines Lebens erfahren.

Mein Freund / Meine Freundin, lass Deine Vergangenheit nicht Deine Gegenwart vergiften und Deine Zukunft bedrohen. Ja, trotz allem, was Du durchmachst, kannst Du Dich auf eine schöne Zukunft freuen, weit entfernt von den Desillusionen eines ausschweifenden Lebens. Ja, so wie ich kannst Du aus der Ausschweifung herauskommen und wirklich beginnen, zu leben! Es ist Zeit für einen Atmosphärenwechsel. Genauso wie man ein Haus durchlüften kann, kannst Du zulassen, dass ein neuer Wind in Dein Leben kommt!

Gott ist in Deinen Augen vielleicht noch keine konkrete Realität, aber er kann es werden, wenn Du es möchtest. Dieser wunderbare Vater, der sich uns in der Bibel offenbart, wird nicht zögern Dir seine Güte zu zeigen, denn er möchte für jeden einzelnen von uns das Allerbeste. Dieser Gott, der sich mir zu einem Zeitpunkt offenbart hat, als ich es nicht erwartete, ist in der Lage, unsere zerbrochenen Herzen zu heilen und uns eine lebendige Hoffnung zu geben, die wir so sehr brauchen. Er ist in der Lage diejenigen, die vom Leben enttäuscht sind wieder empor zu heben. Egal wie groß die Schäden sind, egal was Du auch Schlimmes getan hast, dieser Gott kann aus dem Schlechten etwas Gutes machen. Er ist der Gott des Unmöglichen und wenn Du nur einen Glauben hast, der so groß ist wie ein ganz kleines Samenkorn, so kann er große Veränderungen daraus wachsen lassen.

Versuche Dich nicht selbst ohne die Hilfe eines Spezialisten zu reparieren! Wenn Du mit Deinem Auto ein Problem hast, dann lässt Du es einen Mechaniker reparieren, weil Du weißt, dass er kompetent ist das Problem zu lösen. Niemand geht zum Bäcker oder Konditor, um sein Auto reparieren zu lassen. Jeder weiß, dass man zum richtigen Ort, zur kompetenten Person, gehen muss um eine gute Lösung zu finden. Mit Gott funktioniert das genauso! Wenn Du ein Problem hast, geh zu Deinem Hersteller! Gott ist Dein Schöpfer und er ist derjenige, der die Gebrauchsanleitung besitzt! Vertraue ihm! Zumal er ganz genau alle Zahnräder unserer Menschlichkeit kennt, wo er doch in Jesus vollständig Mensch geworden ist.

Sag Gott nicht mehr, dass Du große Probleme hast... sondern sag Deinen Problemen, dass Du einen großen Gott hast! Ändere Deinen Blickwinkel und erlebe die Kraft und die Liebe Gottes!

Wenn Du von Zweifeln angegriffen wirst, dann verstehe ich das. Vielleicht fragst Du Dich, warum Dir alle diese Dinge passiert sind, wenn Gott existiert? Die Antwort ist einfach: der Großteil unserer Missgeschicke ist das direkte Ergebnis unserer schlechten Entscheidungen. Mein Leben wäre ganz anders gewesen und ich wäre nie ins Gefängnis gekommen, wenn ich bessere Entscheidungen getroffen hätte...

Außerdem, auch wenn Dir das noch abstrakt erscheint, so kann ich Dir versichern, dass die Bibel die Wahrheit sagt, wenn sie uns lehrt, dass wir einen Feind haben, der nichts anderes möchte als uns mit allen möglichen und unmöglichen Mitteln zu zerstören. Ja, der Teufel ist eine Realität, auch wenn seine größte List darin besteht uns glauben zu machen, dass er nicht existiert. Seit ich im Dienst Gottes bin und ich für Menschen bete, merke ich wie sehr Satan versucht viele Menschenleben zu zerstören.

Stell Dir die Frage: Wer leitet in Wirklichkeit mein Leben? Und wer ist in der besten Position es zu leiten?

Indem Du der eigene Herr Deines Lebens bist, bist Du in die Sklaverei und verschiedene Abhängigkeiten gesunken, die Dir nichts Gutes gebracht haben, obwohl Du das doch so verzweifelt gesucht hattest...

Jesus schlägt Dir vor der Herr Deines Lebens zu sein und er ruft Dich und sagt: „Komm, folge mir." Verpasse diese Gelegenheit nicht, Deine Richtung um 180 Grad zu verändern! Er kann viel besser leiten als Du.

Seit fast 20 Jahren folge und diene ich ihm, und während all dieser Jahre habe ich erlebt, wie er tausende von Menschen in allen möglichen Bereichen wieder hergestellt hat. Jesus ist wahrlich der Experte. Er ist der göttliche Arzt! Glaube es und Du wirst sehen, dass das, was ich Dir erzähle, nicht ein Märchen ist, sondern die wunderbare Realität.

Gott liebt Dich so sehr, dass er Dir einen freien Willen gegeben hat. Es steht Dir frei ihn anzunehmen oder abzulehnen in Deinem Leben. Aber dieses eine Mal will ich Dich dazu ermutigen die richtige Wahl zu treffen. Manche Entscheidungen sind wichtiger als andere und diese hier hat schwerwiegende Konsequenzen. Täusch Dich nicht!

Vielleicht siehst Du Dich auch als Opfer und Du hast eine schlimme Vergangenheit erlebt, fehlende Ausbildung, Missbrauch von den Eltern, oder was auch immer... wenn das der Fall ist, dann lass mich Dir die Wahrheit sagen, die Du akzeptieren musst, damit Du endlich eine Veränderung in Deinem Leben angehen kannst. Dich als Opfer hinzustellen bringt Dir überhaupt nichts! Es ist an der Zeit, dass Du Deine Leiden in die Hände Gottes legst und dass Du Dich dazu entscheidest die Prüfungen der Vergangenheit ein für alle Mal zu überwinden. Lieber Freund / Liebe Freundin, ich spreche aus gutem Grund mit Dir über diese Dinge. Verliere keine Zeit mehr. Hör auf, Dein Leben zu verschwenden.

Der Herr Jesus hat mir echt geholfen bei allem, was ich unternommen habe, doch dafür musste ich auch ein paar Entscheidungen treffen. Ich musste meine Gewohnheiten ändern und mein Leben nach dem Wort Gottes führen. Beginne dieses neue Leben, Du wirst es nicht bereuen!

Warum vertraust Du ihm Dein Leben nicht gleich jetzt an? Ja, Du kannst das tun wo Du gerade bist... hier ist ein Gebet, das Dir helfen kann, Dich ihm zu nähern:

Jesus, ich danke Dir für Deine Liebe und dass Du in die Welt gekommen bist, um für mich zu sterben. Ich gestehe, dass ich bisher mein Leben selbst geleitet habe und dass ich so gegen Dich und gegen den Vater gesündigt habe.

Ich möchte mich jetzt Dir anvertrauen und Dich in mein Leben aufnehmen. Danke, dass Du mir meine Sünden vergibst. Mach aus mir den Menschen, den Du haben möchtest.

Ich danke Dir, dass Du mein Gebet beantwortet hast und jetzt in meinem Leben bist.

Amen.

Das ist ein einfaches Gebet... und es sind nicht nur ein paar Worte... sondern wenn Du sie glaubst und Du ernsthaft Jesus in Dein Leben aufnimmst, dann wirst Du sehen, dass er die Veränderungen, die Du brauchst, in Deinem Leben angehen wird.

Bevor ich ihm begegnet bin hatte ich eine Leere in meinem Herzen. Eine Leere, die ich versuchte mit allen Mitteln zu füllen: Sex, Geld, Drogen... aber nichts konnte mich erfüllen. Nichts konnte diese Leere füllen. Ich entdeckte, dass diese Leere in Wirklichkeit die Form Gottes hatte und dass nur Er allein meinen Erwartungen entsprechen konnte. Was er für mich gemacht hat, macht er auch für Dich! Ich bin auf keinen Fall besser als Du oder habe es mehr verdient als Du. Ich war genauso am Ende, wie Du es vielleicht bist.

Die Verheißungen Gottes sind nicht im Geringsten mit den fantastischen Illusionen dieser ausschweifenden Welt, in der Du steckst, vergleichbar. Auf den ersten Blick hat das ausschweifende Leben etwas Anziehendes, aber in Wirklichkeit sind es nichts weiter als Pailletten, die schnell abfallen und auf die man dann mit Füßen tritt. Das Glitzern der Ausschweifungen ist sehr flüchtig und hinterlässt einen bitteren Geschmack.

Das Evangelium ist wahrlich eine gute Nachricht. Christus ist tatsächlich auferstanden und Du kannst die Fülle seiner Gegenwart in Deinem Leben spüren. Wähle ein Leben des Segens statt ein Leben der Ausschweifungen. Wähle das wahre Leben! Wähle Jesus!

Let's Go!

Thierry Kopp

KAPITEL VII

BRIEF AN DIE GEMEINDE

Liebe Gemeinde!

Mit diesem einfachen Brief habe ich es auf dem Herzen Dich zu ermutigen Deine Mission zu erfüllen, die darin besteht die verlorenen Schafe zu suchen und willkommen zu heißen, selbst wenn dieses bedeutet auf einem Weg zu gehen, auf dem die Sünde gang und gäbe ist und auf dem der Schlamm Deine Schuhe zu beschmutzen droht. Die Ausschweifungen, die das Leben unserer Mitmenschen vergiften, sind bestimmt nicht schön anzuschauen... doch die Errettung dieser Seelen ist es wert.

Manchmal tendieren wir dazu die Sünder zu verurteilen, anstatt sie willkommen zu heißen so wie der Vater den verlorenen Sohn empfangen hat. Aber wenn ihnen niemand von Jesus erzählt, wie können sie dann diesen wunderbaren Gott entdecken, dem wir begegnet sind?

Als ich selbst ein „Außenseiter des Lebens" war und ich mich im Schlamm der Sünde wallte, war es nicht notwendig, dass man mir sagte, was ich Schlechtes machte. Das war mir schon bewusst und ich sah auch sehr wohl die Konsequenzen meiner Entscheidungen sowie die negativen Folgen, die sie in meinem persönlichen Leben und meinen Beziehungen mit Frauen verursachten. Die Verurteilung einer heiligen Gemeinde hätte mir nicht im Geringsten etwas genützt. Im Gegenteil, was ich nicht kannte und was ich sehr brauchte, war eine Offenbarung der Liebe Gottes durch das Opfer Jesu am Kreuz. Ich brauchte es geliebt zu sein und Vergebung zu finden.

Mögen unsere Gemeinden Orte des Lebens sein, an denen man die Liebe und Gnade Gottes einatmen kann. Orte, an denen man sich der Misere, in der man sich befindet, bewusst werden kann, wenn man diesen Jesus nicht kennt und ihn nicht in seinem Herzen aufgenommen hat. Orte, zu denen Prostituierte kommen können, um zu den Füßen Jesu zu weinen, selbst wenn das die paar religiösen Leute mit Pharisäer Geist stört...

Ich liebe diesen Jesus, der keine Angst davor hatte alle diese Religiösen zu konfrontieren, die ihre ganze Kraft dafür aufwandten neue Gesetze zu erfinden – die sie außerdem selbst nicht einhalten konnten – und ich liebe diesen Jesus, der es vorzog, den Großteil seiner Zeit - statt mit ihnen - mit Menschen die ein schlechtes Leben führten, zu verbringen.

Möge die Gemeinde keine religiöse Institution sein, die von vier Mauern eingeschlossen wird, sondern ein guter Duft, der sich über alle ausbreitet, die ihn brauchen. Seien wir die Nachahmer Christi:

„Denn der Sohn des Menschen ist gekommen, um zu suchen und zu retten, was verloren ist."
(Lukas 19,10).

Egal, was Deine Theologie, Dein Verständnis von Doktrin, Deine Denomination ist... Geh und suche jene, die verloren sind. Möge die Leidenschaft für Seelen Dich zu allen Außenseitern des Lebens führen! Ziehen wir unsere schönen Sonntagsgewänder aus und die Arbeitsuniform an! Es gibt Arbeit für uns!

Eines Tages hat ein christlicher Maler einen Bettler auf der Straße gesehen. Nachdem er ihn eine Zeit beobachtet hat, hat sich der Maler dazu entschlossen ihn nach der Perspektive Gottes zu malen. Als der Bettler das Bild sah, fragte er: „Bin das ich?" Der Maler hat die Frage bejaht und zu ihm gesagt: „So hat Sie Gott geschaffen und so sieht Gott Sie." Von diesem Kunstwerk erschüttert hat der Bettler geantwortet: „Also wenn Gott mich so sieht, dann will ich auch dieser Mann sein." Innerhalb kürzester Zeit wurde dieser Bettler komplett verwandelt und hat letztendlich dem Mann in dem Gemälde ähnlich gesehen.

Sehen wir uns selbst so an, wie Gott uns sieht, und sehen wir die anderen so an, wie Gott sie sieht.

„Jesus sprach nun zu ihnen: Die Ernte ist groß, aber es sind wenige Arbeiter. Darum bittet den Herrn der Ernte, dass er Arbeiter in seine Ernte sende!" (Lukas 10,2)

„Sagt ihr nicht: Es sind noch vier Monate, dann kommt die Ernte? Siehe, ich sage euch: Hebt eure Augen auf und seht die Felder an; sie sind schon weiß zur Ernte." (Johannes 4,35).

An alle meine Brüder und Schwestern im Herrn: Plündern wir die Hölle und füllen wir den Himmel!

Thierry Kopp

NACHWORT

PASCAL SCHOENIG, EX-BEGLEITER DES UNGLÜCKS

Mulhouse

Deux proxénètes écroués

Le proxénète inculpé il y a quinze jours à Mulhouse (voir notre édition du 16 août) avait deux complices. Thierry Kopp, 25 ans, demeurant à Eschau (près de Strasbourg) et Pascal Schoenig, 26 ans, habitant Soppe-le-Haut, ont été inculpés hier de proxénétisme et écroués.

Alors que l'on pensait que Da Silva, le proxénète strasbourgeois arrêté à Mulhouse mi-août, «protégeait» deux filles à la fois, il s'est avéré que celui-ci n'était pas tout seul. Les policiers de la brigade des mœurs de la sûreté mulhousienne ont entendu la protégée de Da Silva, qui avait eu des contacts avec trois autres personnes: Kopp, sa protégée, qui n'est autre que la deuxième prostituée, et Schoenig.

En effet, Kopp reconnaît qu'il a conduit les deux filles à Kehl, où ils ont rencontré le propriétaire d'un bar spécialisé d'Achern. Celui-ci aurait dû trouver un boulot de barmaid aux filles. La copine de Da Silva est revenue à Mulhouse. Kopp et Schoenig la surveillaient. Les policiers les ont arrêtés jeudi à Mulhouse, devant l'hôtel où était logée l'ancienne protégée de Da Silva. Présentés hier à M. Sengelin, juge d'instruction, Kopp, déjà condamné pour trafic de stupéfiants et Schoenig, condamné lui pour cambriolage, tous deux sous le coup du sursis, ont été inculpés de proxénétisme et placés sous mandat de dépôt.

A.S.

Vor ziemlich langer Zeit habe ich Thierry Kopp im Gefängnis von Sainte Marguerite in Straßburg kennengelernt. Ich erinnere mich an ihn, als ob es gestern gewesen wäre. Der Zufall hat es so gewollt, dass ich in der Küche landete, weil ich mit dem Schlafsaalverantwortlichen zu tun hatte. Da ich im Schlafsaal seit 3 Monaten „Verteiler“ war (ich brachte das Essen), musste ich nicht die mühsame Arbeit des Aufkehrens verrichten. Ich lehnte es ab und so bin ich in der Küche gelandet, wo Thierry als Koch arbeitete.

Die Köche und Tellerwäscher hatten ihren eigenen Schlafsaal; wir waren 5 oder 6. Thierry hat mich unter seine Fittiche genommen und wir sind bald Freunde geworden. Ich muss sagen, dass ich auch einen ziemlich langen Strafregisterauszug hatte: ich knackte große Tresore.

Wir haben etwa ein Jahr zusammen verbracht. Dann gab es bei uns noch Sylvain, der für Einbrüche höchster Kunst festgenommen worden war, und Conti, ein Mafiosi aus Marseille, der sich als Koch ausgab, doch der nicht einmal ein Ei kochen konnte! Und ich habe fast Leonard, den Giftler, vergessen. Zusammen waren wir eine lustige Truppe. Trotz unserer geraubten Freiheit verbrachten wir schöne Momente damit, miteinander zu blödeln. Die Küche war ziemlich cool – außer für denjenigen, der um 6 Uhr aufstehen musste, um den Insassen Kaffee zu servieren. Diese Aufgabe wurde uns abwechselnd zugeteilt. Wenn wir nicht dran waren, begannen wir um 9 Uhr zu arbeiten. Und wenn wir nicht arbeiteten, spielten wir Tarot oder Schach, während wir uns unsere Meisterwerke erzählten.

Thierry hatte einen mächtigen Charakter; er war sehr entschlossen. Er war ein Kämpfer und Gewinner! Aber er war auch gesellig und ein Narr. Eines Abends hat er ein Fläschchen Methadon in meinen Kaffee getan… ich habe wie ein Baby geschlafen und bin am nächsten Morgen gegen 11 Uhr mit schrecklichen Kopfschmerzen aufgewacht. Danke, Thierry!

Gegen Ende meiner Haftstrafe hatte ich die Gelegenheit bei der AFPA in Straßburg ein Praktikum zu machen (Nationale Vereinigung zur Professionellen Fortbildung Erwachsener). Tagsüber machte ich mein Praktikum und nachts musste ich in meine Zelle zurück. Als ich das Gefängnis ganz verließ, wartete Thierry schon auf mich. Er hat mir seinen Kumpel Fernando und zwei Frauen, die für sie arbeiteten, vorgestellt. Nadia, die Freundin von Thierry, und Sylvie, die von Fernando. Wir sind einen Kaffee trinken gegangen, und dann habe ich mich auf den Weg gemacht.

Einen Monat später hat Thierry mich am Ausgang meines Praktikumsarbeitsplatzes abgeholt. Er war mit einem großen Japaner gekommen – natürlich rede ich von einem Auto – und wir sind gemeinsam etwas trinken gegangen. Nachdem wir gute Erinnerung von Sainte Marguerite ausgetauscht haben, hat er mir sein Zuhältereigeschäft erklärt und mir erzählt, dass er sich mit seinem Kumpel zusammengetan hat, um auf ihre Freundinnen aufzupassen, die auf den Gehsteigen von Mulhouse herumstolzierten. Er wollte, dass ich mitkomme, um den Abend mit ihnen zu verbringen, um mich an ihren Geschäften zu beteiligen. Ich war gerade erst aus dem Gefängnis entlassen worden und das ganze kam mir etwas heiß vor... aber gut, ich war einverstanden! Während Thierry nach seiner Entlassung aus dem Gefängnis nicht gezögert und sein Geschäft sofort wieder aufgenommen hatte, so hatte ich was mich selbst betrifft überhaupt keine Ahnung, was ich werden würde, trotz dem Praktikum bei der AFPA.

Bitteschön, ich begnüge mich mit diesen paar Anekdoten, denn dieses Buch erzählt das Wesentliche seiner Geschichte. Thierry ist ein echter Kumpel und ich behalte gute Erinnerungen unserer Abenteuer zurück... aber all das geht viele Jahre zurück und seither... hat er sich total verändert!

Pascal Schoening

ANHANG

ZEUGNISSE

VICTORIAS ZEUGNIS

Ich habe an einem Camp teilgenommen, bei dem Thierry Kopp der eingeladene Redner war. Dieses Camp war anders als andere. Thierry hat uns wesentliche Dinge weitergegeben, wie zum Beispiel, dass wir dieselbe Natur wie Gott haben, der unser Vater ist. Was mich persönlich berührt hat war, dass wenn Gott uns vergibt, wie kommen wir dann dazu, nicht auch uns selbst_zu vergeben? Dieses Wochenende war sehr bereichernd, weil wir auf fundamentale Fragen Antworten finden konnten, um somit unseren Weg mit Gott besser weiter gehen konnten!

~~~~~~

SYLVAINS ZEUGNIS

Jedes Mal wenn ich zur Versammlung mit Thierry Kopp ging spürte ich die Gegenwart Gottes während der Lobpreiszeit und beim Zuhören seiner Lehre ganz stark. Thierry Kopp hat mein christliches Leben stark beeinflusst. Dank ihm habe ich die Liebe Gottes entdeckt, habe seine Vergebung erfahren und wunderbare Erlebnisse mit dem Heiligen Geist gehabt.

~~~~~~

L.S ZEUGNIS

Wieder ein super ADSL Camp! Was mich erschüttert hat war, als Thierry Kopp uns Prophetien für unser Leben gab. Das hat uns sehr viel gebracht. Es war echt genial diese Zeit mit ihm zu verbringen. Was mich auch berührt hat war seine Lehre über die Vergebung und die Gnade. Gnade ist anderen zu geben, was sie nicht verdienen, ein ganzes Programm! Und genau das ist es, was Gott für uns gemacht hat!

~~~~~~~~~~~~~~~~~~~~~~~~~~~~~~~~~~~~

DOMINIQUES ZEUGNIS

Ich möchte einfach nur Zeugnis ablegen über meine Heilung während der Heilungsschule im Februar 2014 in Paris. Ich bin mit einem Zahnabszess gekommen, der mir ungeheure Schmerzen bereitet hat, und die Antibiotika richteten nichts aus. Mein Zahn war voller Eiter. Während einer der Abendversammlungen hat Thierry Kopp ein Wort der Erkenntnis bekommen und erklärt, dass es eine Person gäbe, die Eiter in einem Zahn hat und dass Jesus sie heilt. Sofort war der Schmerz weg und ich habe gespürt, wie meine Nebenhöhlen wieder frei wurden. Während der folgenden drei Tage ist der ganze Eiter verschwunden. Gott sei alle Ehre! Seid gesegnet!

~~~~~~~~~~~~~~~~~~~~~~~~~~~~~~~~~~~~

R.S ZEUGNIS

Meine sechzehnjährige Tochter Lucie hatte nach einem beträchtlichen emotionellen Schock eine PELADE am Kopf. Thierry Kopp hat für sie gebetet und einen Fluch gebrochen. Die Haare sind zurückgewachsen und sie konnte wieder mit ihrem Papa reden, der sie verlassen hatte. Was mich betrifft, so wurde ich von einem Gefühl des Verlassen seins befreit; eine schwere Last, die ich seit meiner Geburt getragen hatte... Als ich ein anderes Mal zu einer der Versammlungen kam, hat Thierry mich stellvertretend für alle Männer um Vergebung gebeten, was ich vorher noch nie erlebt hatte, und das hat mich vollständig von der Verachtung freigesetzt, die mich plagte. Nur Gott kannte dieses Problem, das an mir nagte, und der Heilige Geist hat ihn inspiriert um mich zu befreien. Später habe ich sogar zugestimmt zu heiraten, obwohl ich eine solche Verpflichtung kategorisch ablehnte, da ich Angst hatte noch mehr zu leiden... Jede seiner Bibelstellen waren ein wahrer Segen für meine Familie und mich selbst.

N.S ZEUGNIS

Ich bedanke mich bei Thierry Kopp für diesen berüchtigten Samstag, an dem sich der wunderbare Heilige Geist manifestiert hat. Während der Versammlung hat er die Offenbarung bekommen, dass jemand an einer Embolie litt und im Koma lag. Es handelte sich um meine Schwägerin, die seit zwei Wochen im Koma lag und eine Lungenembolie hatte. Ich bin zu ihr ins Spital gefahren, um für sie zu beten. Am nächsten Tag ist sie aufgewacht und hat wieder begonnen ganz alleine zu atmen. Danke, Herr!

STEPHANIES ZEUGNIS

Mein Ehemann hat an Ihrem letzten Seminar teilgenommen. Er ist verwandelt zurückgekommen! Und seitdem hört er gar nicht mehr auf in seinem Glauben aufzublühen! Der Segen, den er bekommen hat, ist ansteckend! Ich selbst war seit dem Tod eines Mannes, der mir sehr viel bedeutet hat, am Boden zerstört und konnte mich nicht mehr erheben. Ich wurde von diesem Schmerz befreit. Seit diesem Seminar hat sich vieles geändert... Wir haben die Freiheit miteinander über Gott zu sprechen und Anderen Zeugnis abzulegen! Unser fünfzehnjähriger ältester Sohn hat sich zu Gott gewandt. Die Tochter meiner Chefin wurde von Gott berührt und sucht ihn leidenschaftlich! Meine Nachbarin ist Gott heute Morgen bei uns daheim begegnet!! Wir sind davon überzeugt, dass die großen Befreiungen, die wir während Ihres Seminars mit Gott erlebt haben, die Ursache all dessen ist, was wir sehen und erleben! Gott sei alle Ehre! Gottes Segen!!

VEROS ZEUGNIS

Möge Gott weiter diesen Dienst, den Sie tun, segnen, Thierry! In ein paar Worten: Seit einiger Zeit schon merkte ich die Notwendigkeit mit dem Herrn weiterzugehen, ihm wirklich mein Leben zu geben um ihm zu dienen. Der Heilige Geist hat mich geführt mich zur Jüngerschaftsschule anzumelden, die sie durchführten. Als es eine Zeit der Befreiung gab, in der Sie für mich gebetet haben, ist die Wut, die an mir nagte, verschwunden. Dann ist meine Trauer an die Oberfläche gekommen und hat mich erschüttert. Und da haben Sie dann von der Liebe Gottes gepredigt. Ich konnte loslassen und mich heilen lassen. Gott ist groß! Ich bin frei und werde weiter vorwärts gehen können, um meinem Gott zu dienen! Gott sei alle Ehre!

SANDRINES ZEUGNIS

Vor ein paar Jahren habe ich Thierry Kopp in Gagnières kennengelernt, wo er seinen Dienst ausübte. Während einer Zeit der Befreiung hat er einen Geist genannt, der mich gebunden hatte, und den er Marionette nannte... Das mag wohl überraschen, doch in Wirklichkeit fühlte ich mich schon seit Jahren wie eine Marionette, die man verwendete. Es war umso stärker, da diese Gebetszeit in einem Zelt stattfand, in dem eine große Menschenansammlung versammelt, und ich ganz hinten war. Doch Thierry Kopp hat sich zu mir gewandt und hat dem Geist befohlen mich zu verlassen. Ich habe eine große Freiheit verspürt. Der Heilige Geist hat mich sehr berührt.

Letzten Sommer auf dem Camp habe ich auch eine tiefe innere Wiederherstellung erlebt. Ich habe eine Offenbarung der Liebe des Vaters bekommen wie noch nie jemals zuvor. Thierry Kopp hat mir mehrere Prophetien für mein Leben gegeben und diese Worte bestätigten, was Gott mir schon seit einiger Zeit gesagt hatte. Der Herr hat mir aufs Herz gelegt unter Jugendlichen zu arbeiten und das ist es auch, was ich jetzt mache.

Thierry Kopp, Ihre Lehre ist eine großartige Quelle an Segnungen für mich.

b recto

COUR D'APPEL
DE COLMAR

TRIBUNAL
DE GRANDE INSTANCE
DE MULHOUSE

CABINET
de Melle. ROUILLIER
JUGE D'INSTRUCTION

J.28493/87
N° IV. 73/87

ORDONNANCES

1. DE NON-LIEU PARTIEL
2. DE RENVOI DEVANT LE TRIBUNAL CORRECTIONNEL

Nous Danièle ROUILLIER *Juge d'instruction*

*au Tribunal de grande instance d*E MULHOUSE

Vu l'information suivie contre :

1. [redacted] né le 22 mars 1963 à PARADA DE BOURO (Portugal) s.p. dt. 2, rue Louis Loucheur à 67 - STRASBOUR

- DETENU - MD 15/08/87 -

2. KOPP Thierry, né le 21 août 1962 à 67 - STRASBOURG 67 - ESCHAU, 23, rue des Hirondelles

- LIBRE - ML 13/11/87 -

3. SCHOENIG Pascal, né le 7/10/1960 à 68 - MULHOUSE dt. 3, rue des Horizons à 68 - SOPPE-LE-HAUT

- LIBRE -ML 9/11/87 -

*inculpé*s *d*e proxénétisme

Vu le réquisitoire de M. le Procureur de la République, en date du 23 novembre 1987

(1) *tendant au renvoi devant le Tribunal correctionnel;* et au non-lieu partiel ;

Vu les articles 176, 179, 180, 183 et 184 du Code de procédure pénale;

~~*Attendu que*~~

I. ORDONNANCE DE NON-LIEU :

Attendu qu'il ne résulte pas de l'information charges suffisantes contre SCHOENIG Pascal du chef de proxénétisme ;

Disons n'y avoir lieu à suivre contre le susnommé ;

II. ORDONNANCE DE RENVOI DEVANT LE TRIBUNAL CORRECTIONNEL :

Attendu qu'il résulte de l'information charges suffisantes contre A. [redacted] : d'avoir à STRASBOURG et MULHOUSE, courant juillet, août 1987 :

T.S.V.P.

1. d'une manière quelconque aidé, assisté ou protégé sciemment la prostitution d'autrui ;

2. sous une forme quelconque, partagé les produits de

6 verso

la prostitution d'autrui ;

3. sciemment vécu avec une personne se livrant habituellement à la prostitution ;

B. KOPP Thierry : d'avoir à STRASBOURG, MULHOUSE et BESANCON, courant juillet et août 1987, d'une manière quelconque, aidé, assisté, ou protégé sciemment la prostitution d'autrui,

signé : Vonthron.

(1) Avis de la présente ordonnance a été donné par lettre recommandée le 5/12/87 à MeS Rodier, Nöel, Staed Conseil de l'inculpé.

Le Secrétaire-greffier,

(1) Avis de la présente ordonnance a été donné par lettre recommandée le X à Me Conseil de la partie civile.

Le Secrétaire-greffier,

X

X

La présente ordonnance a été portée à la connaissance des l'inculpéS par lettre recommandée, le 5/12/87

Le Secrétaire-greffier,

faits prévus et punis par l'article 334, 1e, 2e, 3e, du C.P.

signé : Vonthron.

(1) La présente ordonnance a été portée à la connaissance de la partie civile par lettre recommandée le X

Le Secrétaire-greffier,

X

X

Ordonnons le renvoi de l'affaire devant le Tribunal correctionnel, pour être jugée conformément à la loi.

En conséquence, ordonnons que le dossier de cette procédure, avec la présente ordonnance, sera transmis à M. le Procureur de la République.

(1) Avis de la présente ordonnance non conforme aux réquisitions de M. le Procureur de la République, lui a été donné le

Le Secrétaire-greffier,

X

X

Fait en notre cabinet, le 5 DECEMBRE 1987.

LE JUGE D'INSTRUCTION,

signé : D. ROUILLIER.

(1) Rayer les mentions inutiles.

1 Verso

Attendu qu'il ne résulte pas de l'information charges suffisantes contre :

[redacted] d'avoir commis les délits de complicité de vol avec effraction et de recel ;

(1) Avis de la présente ordonnance a été donné par lettre recommandée le 14/03/89 à Me Staedelin, Rennes, Vonarb (2X) Conseil de l'inculpé.

Le Secrétaire-greffier,

Disons n'y avoir lieu à suivre contre elle de ces chefs ;

II. ORDONNANCE DE RENVOI DEVANT LE TRIBUNAL CORRECTIONNEL :

Attendu qu'il résulte de l'information charges suffisantes d'avoir sur le ressort du Tribunal de Grande Instance de Mulhouse courant 1988 contre :

XX (1) Avis de la présente ordonnance a été donné par lettre recommandée le XXXX à Me Conseil de la partiX civile.

Le Secrétaire-greffier,

X

1. Pascal SCHOENIG, [redacted], Thierry KOPP frauduleusement soustrait diverses marchandises et du numéraire au préjudice de [redacted]

[redacted]

et ce à l'aide d'effractions extérieures ou intérieures ;

La présente ordonnance a été portée à la connaissance des inculpés par lettre recommandée, le 14/03/89

Le Secrétaire-greffier,

2. [redacted]sciemment recelé en tout ou partie du numéraire et des casquettes provenant de vols avec effraction ;

faits prévus et punis par les articles 379, 382 §1, 383, 460, 461 du Code Pénal.

signé : Vonthron

(1) La présente ordonnance a été portée à la connaissance de la partie civile par lettre recommandée le

Le Secrétaire-greffier,

Ordonnons le renvoi de l'affaire devant le Tribunal correctionnel, pour être jugée conformément à la loi.

En conséquence, ordonnons que le dossier de cette procédure, avec la présente ordonnance, sera transmis à M. le Procureur de la République.

(1) Avis de la présente ordonnance non conforme aux réquisitions de M. le Procureur de la République, lui a été donné le

Le Secrétaire-greffier,

Fait en notre cabinet, le 14 MARS 1989.

Le Juge d'instruction,

Signé : M.C. MARCHIONI.

Le Greffier

Lingette.

M.A. de STRASBOURG
Ste MARGUERITE
U.R.S.S.A.F. du BAS-RHIN
16, rue Contades - - FEV. 1986
67082 STRASBOURG

CACHET MENTIONNANT : L'ÉTABLISSEMENT – LE MOIS 5 L'ANNÉE – Le N° d'Immatriculation de la Sécurité sociale de l'EMPLOYEUR L'adresse de la Caisse U.R.S.S.A.F. où sont versées les cotisations de Sécurité sociale.

MATRICULE	NUMERO D'IMMATRICULATION SÉCURITÉ SOCIALE	Nbre journées présence 6	Nbre journées travail 7
P 10239	1620867482430 32		

NOM	PRENOM		
KOPP	THIERRY	30	2

PRISONS DE MULHOUSE
MOIS DE PAYE : - NOV. 1987
923 68 921 0 001 cpte 8.46.505
U.R.S.S.A.F. MULHOUSE

CACHET MENTIONNANT : L'ÉTABLISSEMENT – LE MOIS L'ANNÉE – Le N° d'Immatriculation de la Sécurité sociale de l'EMPLOYEUR L'adresse de la Caisse U.R.S.S.A.F. où sont versées les cotisations de Sécurité sociale.

MATRICULE	NUMERO D'IMMATRICULATION SÉCURITÉ SOCIALE	Nbre journées présence 6	Nbre journées travail 7	RÉMUNÉ[RATION] BR[UTE]
C 014615	3620821			

NOM	PRENOM			
KOPP	THIERRY	023		

Notes

ANHANG

Diverse

CD´S

Autorität	2 CD´s	12,--
Leben als Gottes neue Schöpfung	4 CD´s	24,--
Dankbarkeit	4 CD´s	24,--
Stimme Gottes hören	3 CD´s	18,--
Berufen zu regieren	2 CD´s	12,--
Der Charakter Jesus	6 CD´s	36,--
Einschüchterung widerstehen	4 CD´s	24,--
Heilung und Freisetzung von Ablehnung	6 CD´s	36,--
Freisetzung von Ängsten	6 CD´s	36,--
Wie geht´s Deiner Seele?	4 CD´s	24,--

Hier könnt Ihr die CD´s auf unserer Internetseite bestellen:

Thierry et Silvia Kopp
6 rue de la ferme
67110 Niederbronn les Bains
France

Notes

Notes

Notes

Notes

Notes

Notes